장애인의
성
과
결혼

/
장애인의
성
과
결혼
/

초판 1쇄 발행 | 1994년 9월 30일
개정판 1쇄 | 2015년 10월 31일

지은이 | 평산 상 (히라야마 야사시)
옮긴이 | 권도용 · 나운환
펴낸이 | 채 주 희
펴낸곳 | 엘맨출판사

등   록 | 제10-1562호(1985. 10. 29)
주   소 | 서울시 마포구 신수동 448-6
전   화 | (02) 323-4060
팩   스 | (02) 323-6416
이메일 | elman1985@hanmail.net
홈페이지 | www.elman.kr

값 14,300원

※잘못된 책은 바꾸어 드립니다.

장애인의
성
과
결혼

평산 상 (히라야마 야사시) 지음

권도용 · 나운환 옮김

좋은 책으로 하나님의 사람을 만들어 가는 **엘 맨**

재활분야의 실무에서 오랫동안 일을 해오면서 재활에 대한 장애인의 욕구가 사회의 변화와 발전에 따라 다양하게 변화되고 있음을 알게 되었다. 또한 욕구에 대한 대처도 보다 적극적으로 변화되고 있다는 것을 느꼈다. 그러나 아직까지 재활분야의 실무자뿐만 아니라 장애인 자신조차도 표면화하지 못하고 소극적이고 미온적으로 대처하고 있는 가장 어려운 문제 중의 하나가 장애인의 성 문제가 아닐까 한다.

많은 비장애인들과의 대화에서 그리고 문헌에서도 장애인들을 마치 무성 내지 전혀 성욕이 없는 사람들로 다루고 있다. 또한 장애인 자신들도 성생활을 할 수 없을 것이라고 생각하고 스스로 성생활을 포기하는 사람도 있다는 이야기를 들을 때마다 장애인의 성 문제가 심각함을 알 수 있었다. 재활기관이나 단체가 보다 적극적인 대처방법을 강구하고 이에 대한 연구를 활성화해야 한다는 필요성을 절실히 느꼈다.

그래서 지난 1989년 장애인 부부의 결혼실태 및 만족도 조사 연구를 실시하였으며, 그 결과 많은 국민들의 의식 속에 장애가 결혼의 부정적인 요소로 작용하고 있으며, 장애라는 이유 때문에 결혼생활에 상당한 문제가 있을 것이라고 보고하고 있다. 장애인+비장애인 부부, 장애인+장애인 부부 모두 성생활에 있어서는 아주 낮은 만족도를 나타내고 있는 것으로 보고하고 있다.

실무현장에 있으면서 그리고 장애인들과의 만남을 통해서, 그동안 금기시되어 왔던 성 문제를 더 이상 은밀한 문제로만 다루어서는 안되며, 장애인들이나 전문가들이 성 문제에 적절히 대처할 수 있는 기본서가 필요하다라는 생각에 이 책을 번역, 출판하게 되었다.

이 책에서는 장애인과 비장애인들에게 성에 대한 인식개선과 올바른 이해를 돕기 위해 인간의 성과 장애인의 성, 그리고 장애인의 성 기능 개발을 위한 훈련방법까지 자세하게 소개하고 있어 장애인뿐만 아니라 성 문제를 갖고 있는 일반인에게도 유익한 자료가 될 것이다.

이 책에서도 많이 언급되고 있지만 장애인의 성 문제는 기본적으로 먼저 표출하고 그 표출된 문제에 대해 자유롭게 토론하고 고민하는 과정에서 문제의 실마리를 찾아야 한다. 그런 의미에서 성 문제를 위해 비밀스럽게 서로 만나고 어울릴 수 있는 사교클럽과 같은 모임을 과감히 양성화하고 성 훈련 프로그램을 실시하는 등의 적극적인 차원에서 접근해야 한다고 생각한다.

끝으로 이 책이 장애인의 성 문제를 개방화하고 성 문제를 이해시키는 차원에서 장애인과 실무 현장에 있는 전문가들에게 보다 도움이 되는 자료가 되기를 바란다. 또 원고 교정과 자료 정리를 도와준 한국장애인재활협회 유명화 선생과 처음부터 끝까지 원고 타이핑을 도와준 재활연구실의 이연숙 선생, 대구대학교 직접재활학과의 남권우 학생에게 고마움을 전한다. 특히 이책이 출판될 수 있도록 도와준 엘맨의 얼짱께 감사의 마음을 전한다.

2008. 8. 1.
옮긴이

이 책은 현재 미국사회에서 장애인으로 불리우고 있는 사람들의 성 문제에 대해 사회, 심리, 생리적으로 고찰하고 나아가 현재 이러한 문제의 대처에 폭넓게 사용되고 있는 지원방법을 소개하고 있다.

나의 미국생활은 거의 30년 가까이 되어간다. 그동안 오랜 세월에 걸쳐 결혼상담가로서 성 문제를 포함해 미국인의 부부관계 조정에 종사해 왔으며, 사회사업가로서 장애인의 생활문제, 성 문제도 다루어 왔다. 또, 10년 동안은 사회복지 교육자로서 대학원생에게 사회사업방법론, 결혼상담방법론, 성상담방법론 등을 가르쳐 왔다.

이 책을 쓴 동기는 일본 친구에게 강하게 권유받은 것도 있지만, 1982년 여름 귀국하여, 각지에서 장애인의 성과 결혼에 대해서 강연을 했는데 그때마다 이 문제에 깊은 관심을 가지고 있었던 분들이 많았기 때문이다. 그래서 강의내용과 그동안 현장에서의 실무경험을 정리하여 장애인을 위한 병원, 재활센터, 수용시설 등의 전문직원과 가족, 그리고 장애인들에게 도움이 되기를 바라는 마음으로 출간을 결심하였다.

일본보다 좀 더 개방적이라고 생각할 수 있는 미국사회에서조차 장애인의 성, 결혼에 대한 대처는 미온적이다. 근래에 들어 일본에서는 장애인의 인권과 복지가 진지하게 받아들여져 급속히 복지사회의 체계가 성숙된 것은 대단히 고무적인 일이라고 생각한다.

또, 복지와 장애인의 인권옹호와 관련해서 지금까지 무시되었던 장애인의 성과 결혼에 대한 관심이 계속 높아지고 있는 일은 장애인 복지가 발전되고 있음을 나타내 주는 것이라 생각한다.

이 책은 기초지식편과 실천방법편으로 나뉘어져 있다. 제1부의 기초지식편에서는 인간의 성을 문화, 사회, 심리, 생리적인 면에서 설명하고, 이 사회에서 성적 억압을 받고 있는 사람들이 누구인가를 확인하고, 장애인의 성 문제를 사회, 심리, 생리적 측면에서 전반적으로 설명하였으며, 최근의 탈시설화와 정상화 원리가 장애인의 성에 야기되는 의의를 기술했다.

제2부의 실천방법편에서는 성 상담의 원리, 방법을 많은 사례를 들어 설명하였다. 이 성 상담의 방법은 시설과 병원 등 특정의 장소에서만 사용되는 방법뿐만 아니라 지역사회에서 소위, '상담'에 의해 성공한 케이스를 광범위하게 선택하였다. 그리고 이 방법은 일대일의 개인, 또는 여러 사람들이 모인 그룹에서도 사용할 수 있는 원리이며 방법이기도 하다.

여기에서 이 책이 가리키는 장애인이란 도대체 누구일까를 명확하게 할 필요가 있다. 장애라는 용어는 일시적 장애, 만성장애, 신체장애, 지능장애, 정신장애, 지각장애 등을 연상하게 된다. 게다가, 장애는 여러 종류임과 동시에 장애의 정도, 또는 장애를 가진 사람들의 태도 등 주관적 요소에 의해 그 사람의 지능, 능력이 변화해가는 질적 요소가 다분히 포함되어 있다.

따라서, 이 책에서는 장애를 크게 4종류로 구분하였다. 첫째는 운동신경, 근육계장애, 신경장애로 뇌성마비, 척수 손상, 근육디스트로피가 있다. 둘째는 상태계장애로 류마티즘, 암, 심장병, 간염 등의 질병의 결과로 생겨난 장애를 생각할 수 있다. 셋째는 지각계장애로 시각장애, 청각장애 등을 들 수 있다. 넷째는 정신지능계장애로 다수의 정신병을 비롯 저능아를 들 수 있다. 물론, 이러한 장애를 중복해서 가지고 있는 사람들도 많이 있다.

처음에는 이들 장애와 관련된 성 문제를 하나 하나 서술하려고 생각했지만, 그것보다는 장애에 대한 공통적인 사회, 심리, 생리적 요소를 서술하고 더욱 넓게 누구에게라도 결부될 수 있는 가능한 실천방법을 기술하기로 했다. 따라서 독자 중에는 자신이 찾고 있는 특정의 지식이 눈에 띄지 않아 불만스러운 분이 계실지도 모른다.

또한 이 책은 학문적인 면보다는 실천적인 면에 초점을 두었다. 따라서, 학술적 지식을 찾고 있는 독자에게는 부족하다고 생각될지도 모른다. 그러나 이 책은 장애인의 성과 결혼에 대한 사회계몽에 초점을 맞추고 있음을 알아주기 바란다.

마지막으로, 이 책의 집필을 권해 주시고, 또 출판사와의 교섭, 교정과 번거로운 일을 맡아주시고 나의 서투른 일본어를 조금이라도 읽을 수 있을 정도로까지 고쳐주신 사국학원대학의 宮崎昭夫 선생께 깊은 감사의 뜻을 전한다. 또, 여러 가지로 신세진 미네르바 書房의 五十嵐氏, 川崎眞理子氏에게도 지면으로 감사를 드린다.

장애인의 성을 어떻게 생각하는가?

기 초
지식편

기초
지식편

장애인의 性을
어떻게
생각하는가?

먼저 장애인이 나에게 상담해 온 성 고민에 귀를 기울여 주시기 바란다.

사례 ▶ 01 / 24세, 독신 남성, 대학졸, 사무원 – **뇌성마비**

성에 흥미가 있었지만 누구도 설명해 주지 않았다. 그래서 스스로 보거나 듣거나 읽거나 하여 성 지식을 얻었다. 비장애인들의 견해에서는 아무래도 뇌성마비 장애인에게는 성욕이 전혀 없을 것이라고 생각하는 모양이다. 그러나 그것은 틀린 생각이다. 나 같은 뇌성마비 남자가 젊은 여성의 주의를 끄는 것은 어려운 일이다. 아무래도 여성들은 언제나 스포츠맨 타입의 남자에게 관심의 눈길을 주는 것 같다. 성에 대한 사실을 말하는 것이 나에게 가장 큰 고민거리였던 것이다.

대학시절에는 두세 번 데이트한 일이 있다. 처음의 데이트 상대는 좀 히피 같은 여성이었는데 껍질 속에 틀어박혀 있던 나를 끌어내 주었다고 생각한다. 그러나 나는 다른 동료의 데이트 주선 역할 같은 일에 언제나 나의 시간을 소비하고 있었다. 데이트를 주선하는 역할을 한 것은 내 자신이 다른 사람으로부터 필요한 존재가 되고 싶고 또한 여성과의 만남의 기회를 갖고 싶었기 때문이었다.

그러나 마음 한구석에는 뭐라고 표현할 수 없는 분노와 거부감으로 괴로워하고 있었다. 장애로 인해 여러 가지 문제가 산적해 있는데 어떻게 여성과 깊은 관계를 가질 수 있겠느냐고 다른 사람들이 말하는 것 같아 어찌할 바를 몰랐다. 그러나 나는 남들과 같이 언제나 나만의 연인을 원했던 것이다.

지금은 연인이 있다. 같은 뇌성마비인으로 장애인 사교클럽에서 만난 사람이다. 이 클럽은 장애인에게 참으로 좋은 곳이다. 장애인이 함께 친해질 수 있도록 지원해 주고 있기 때문에, 그 중에는 장애인끼리 결혼한 사람도 있다.

사례 02 / 32세의 기혼여성 - **류마티즘**

28세 때 나는 최초로 부종과 아픔을 손에 느꼈다. 그후, 양무릎에 같은 부종과 아픔을 느끼고 이윽고 그것이 허리에도 옮겨온 것이다. 세월이 흐름에 따라 손가락이 변형되어 갔다. 류마티즘이 시작된 처음 몇 년 동안은 우리들의 결혼생활에 특별한 영향이 없었다.

약이 아픔을 완화시켜 주기도 하고, 에너지도 충분히 있고, 섹스에도 흥미가 있었다. 그러나 내 손의 기능이 마비되고 허리와 무릎의 통증, 경직이 증가함에 따라 간단한 가사도 통증과 심한 피로감으로 할 수 없게 된 것이다.

남편은 저녁에 회사에서 돌아오면 집 안이 정리되어 있는 것을 언제나 기대하고 있었지만, 아무래도 원하는 대로 되지 않았다. 이러한 일로 인해 스스로에게 느끼는 혐오감 때문에 무척 고민했다. 물론, 우리들의 성생활은 완전히 정지상태이다.

사례 03 / 35세의 기혼남성 – 자동차 사고에 의해 척수 손상

　지금까지 아주 즐겁고 행복한 결혼생활을 보내고 있었지만 이 사고로 인해서 그것이 전부 바뀌는 것은 아닐까 하고 무척 고민하고 있다. 이 장애로 인해 나의 음경(陰莖)이 발기하지 않게 되어버리고, 휠체어에 의지하는 생활이 되어버렸으니까. 이제 나는 남자가 아닌 기분이 들어 괴로워하고 있다. 가장 걱정하고 있는 것은 나와 아내와의 앞으로의 관계로 아내가 나에게 정이 없어지는 것은 아닐까라는 것이다. 도대체, 앞으로의 성생활을 어떻게 하면 좋을까. 나는 여자 나이 한창인 34세인 아내의 성적 욕구를 만족시켜 나가는데 어떻게 하면 좋을지 고민하고 있다.

내 아이는 16세이지만, 오래 전부터 자위행위를 해온 것 같다. 어느 날 쇼핑을 하고 돌아와 보니 거실 한가운데서 자위행위를 하고 있는 것이었다. 물론, 심하게 혼냈지만 그후 여러번 나와 형제들 앞에서도 태연한 얼굴을 하고 자위행위를 하는 것이었다.

대체 어떻게 하면 그만둘지 고민하고 있다. 이제는 집 밖에서도 태연히 하게 되는 것은 아닐까 걱정된다. 앞으로 자신의 성욕 제어가 되지 않고 왠지 문제를 일으킬 것 같아서 걱정하고 있다.

이러한 장애인 가족이 호소하는 것을 귀기울여 보면, 이 같은 문제가 미국뿐 아니라 일본에서도, 어디에서나 볼 수 있는 일이라고 생각한다. 더욱이 이 같은 장애인의 고민은 간단하게 성의 생리적인 문제가 아니고 그 사람의 인격 전체에 영향을 미치고 있는 문제라고 말할 수 있다. 이것은 성이란 단순한 생리가 아니

고 사회, 심리, 넓게는 문화에까지 근거를 가진 문제이기 때문이
다.

I
인간의 성이란

1. 성이란 무엇인가?

장애인의 성을 생각하기 전에 우선 비장애인, 장애인을 불문하고 도대체 인간의 성을 어떻게 이해하면 좋을까라는 화제로 시작하고 싶다. 이것은 장애가 신체의 일부에서 일어나며, 장애를 가진 사람의 사회기능이 장애에 의해 침해당하고 있어도 인간의 본질에 있어서는 비장애인과 같으므로 변함이 없기 때문이다. 그럼, 인간의 성을 어떻게 이해하면 좋을까?

미국사회에서도 또 일본사회에서도 성에 관한 정보가 범람하고 있다. 성 정보 가운데서 가장 많은 것이 소위, (How to)정보로 그것은 생리적, 물리적으로 어떠한 체위를 사용하면 보다 쾌감을 얻을 수 있을까 하는 지식을 사람들에게 주는 정보이다. 그 다음으로 많이 눈에 띄는 것은 개인의 체험기 같은 것으로 누가 어디에서 어떻게 섹스를 하면 어떻게 된다라고 하는 것과 같은 정보이다. 그리고 최근에는 방송, 신문 등을 통해서 성 상담을 많이 하고 있다.

그런데 언뜻 보기에 개방적이고 자유롭게 보이는 사회에서도 인간생활에 중요하다고 생각되어지는 성에 대해 진정으로 마음을 털어놓고 남과 차분히 서로 이야기할 수 있는 사람들은 그렇게 많지 않은 것 같다. 가장 친밀하다고 생각할 수 있는 부부 사이에서도 자신들이 품고 있는 성에 대한 희망, 불안, 성공, 실패, 비밀, 공상 등을 솔직하게 서로 이야기하는 사람은 그런 이야기를 전혀 하지 않는 사람들의 수보다도 훨씬 적지 않을까?

나는 사회복지학부 대학원생에게 성 상담 과목을 가르치고 있다. 처음 교육과정에서 학생들에게 내준 과제물로 자신의 성에 대한 태도와 감정을 기술한 34페이지의 소논문이 있다. 간단하게 보이는 이 숙제가 매년 몇 명의 학생에게는 걱정거리가 되는 것 같다. 이것은 막상 자기 자신의 성에 대한 태도와 감정을 쓰는 것이 다른 사람들의 성에 대한 태도, 행동에 대해 기술하는 것보다 훨씬 어렵기 때문이다.

왜냐하면 학생이 은밀히 마음속에 가지고 있는 성에 대한 불안, 불만, 죄의식, 갈등 등을 새삼스럽게 다시 발견하고, 이러한 감정의 정도를 소논문으로 쓰고 자신의 개인적인 성향을 교사에게 알리는 것이 좋을지 좋지 않을지를 결심하는데 압박을 받기 때문이다. 결과적으로 일시방편의 것을 써오는 자, 자신의 감정, 경험을 충실하게 쓰는 자, 혼외 성 경험과 그것에 관련된 자신의 미묘한 감정의 움직임이나 반응을 써오는 자, 다양한 성경험의 태도, 감정을 쓰는 자 등 다양한 학생들이 있다. 그 중에는 너무 정직하게 자신의 경험을 적나라하게 드러냈다는 생각이 들어 절대로 남에게 발설하지 말아 달라는 둥 비밀유지를 다짐하러 오는 학생도 있다.

어째서 성에 대해 이같이 복잡한 태도가 취해지는 걸까? 그 이유는 미국사회에서 성이라는 것이 인간생활상의 특별한 가치에 놓여있기 때문이라고 생각한다. 한편으로는, '육체의 만족'을 구하는 것은 죄라고 여기는 전통적인 그리스도교의 가치관과 다른 한편으로는, 성은 인간생활에서 대단히 중요하다고 여기는 신조가 미국사회에 깊게 뿌리내려져 있기 때문이다. 이처럼, 상반된 가치관이 교차하고 있는 결과, 대부분의 사람들이 성에 대해서 숨기며 배우게 되고, 많은 사람들이 성에 관한 개인의 비밀을 가지게 된다.

그것은 성적 경험이 특별한 것이고, 다른 생활상의 경험과 질적으로 전혀 다른 것이라는 감정을 갖게 된다. 따라서 성에 관해서는 우리들이 무엇을 했는가라는 것보다 우리들이 한 일에 어떠한 감정을 갖고 있는가가 보다 중요하다고 생각된다. 게다가, 사회에서는 누구와 언제, 어디서, 무엇을, 어떻게 하는가라는 정확한 성적 지도를 위한 지식과 방향을 제시해주는 정보를 얻는 일이 아주 어려운 것에도 기인한다.

2. 미국사회의 성의 위치

사람들이 표현하는 성에 대한 견해, 행동, 태도는 한두 가지로 통일된 것이 아니고 다양함을 알 수 있다. 또한 견해, 행동, 태도도 사회의 시대적 발전에 따라 다른 현상으로 나타난다. 여기에서 미국사회에서 성의 위치는 어떠할까 생각해 보기로 하자. 각각 다른 견해를 가지고 있는 사상은 우리들이 성을 인간의 본능 또는 욕망이라고 믿는가, 믿지 않는가? 성을 좋은 것, 또는 나쁜 것이라고 믿는가, 더욱이 성의 표현과 그 사회의 문화적 억압자와 관계가 있다고 믿는가, 없다고 믿는가에 의해 보다 다른 각각의 시점이나 입장이 나올 수 있다고 생각한다.

이것을 다음 예에서 생각해 보자. 정신지체아를 가진 부모가 자신의 16세 된 아이가 자위행위를 하고 있는데 내버려 두어도 좋은지에 대한 질문을 종종 한다. 이 간단한 질문 속에는 다양하고 복잡한 사고와 감정이 숨겨져 있다고 생각한다. 그 사고의 하나는 인간의 성욕이란 태어나면서부터 가지고 있는 것으로 내버려두면 자기제어가 안 된다고 생각하는 것이다. 또 정신지체아가 한번 성적 경험을 하게 되면, 그만두지 않고 성욕에 매달리는 인간이 되는 것은 아닐까 하는 생각과 불안이 부모에게 있기 때문이다.

1) 전통적 제어 · 억압모델

이 생각의 이면에는 서구사회에 존재하는 기독교의 성에 대한 전통적 사상이 숨겨져 있다고 생각한다. 이것은 일반적으로 전통적 제어 · 억압모델로 불려지는 것이다. 이 생각에 의하면, 성이란 육체의 충동이고, 성서의 아담과 이브 이야기에서 표현되고 있는 것처럼, 육욕이란 신의 은혜로부터 벗어난 것이라고 받아들이고 있다. 육욕이란 동물적인 것이고, 정신과 상반되는 것으로 성적 충동은 잠재적 죄, 어떤 육욕은 악마적 모습을 상징하는 증거라고 생각하고 있다. 따라서 인위적인 제어 없이는 인간은 육욕의 유혹에 지고 신의 은혜를 받을 수 없다고 생각한다.

그 결과, 인간은 육욕을 제어하기 위해서 사람들, 특히 젊은 사람들에게 가능한 한, 성 지식을 갖지 못하도록 하고, 인간의 양심을 항상 강고하게 하기 위해 성의 악마성을 가르치고, 그래도 이 길에서 벗어나는 자가 있으면, 그것을 벌하는 방법으로 성의 제어를 유지하도록 했다. 이 사상의 기본은 인간의 성욕은 강하므로, 만약 그 제어를 사회가 하지 않으면 사회의 질서를 유지하기가 곤란하게 되고 나아가서는 사회, 인간의 붕괴로 이어진다는 것이다.

성에 관해서는 개방적이며, 자유롭다고 생각하기 쉬운 미국사회에서도 이 전통적 제어 · 억압관념이 지금도 뿌리깊게 박혀 있다는 생각이 든다. 특히, 종교심이 두텁고 열심인 기독교 가정에서는 이 전통적 사상이 계승되고 있다. 필자가 가르치는 학생 중에도 이 같은 가정에서 자란 이들이 많아 집에서는 성에 관한 정보를 부모로부터 전혀 들은 적도 없고, 또 화젯거리가 되지 않았다고 한다. 부모가 자식에게 보내는 침묵의 메시지는 성이란 위험한 것, 표면으로 나와서는 안 되는 것으로 전해지고 있다고 곧잘 보고된다.

그런데 문제는 가정에서는 이처럼 제어 · 억압의 태도를 취해도 사회에는 성 정보로 넘쳐 있고 젊은 남녀의 교제가 인정되고, 또 그것을 좋은 것으로 권하고 있다. 따라서 중·고등학생은 이처럼 상반된 사회적 기대와 가치관의 딜레마에 빠지게 되고 어떤 경우에 어떻게 성적으로 행동하면 좋은가가 불명료하기 때문에 심리적 갈등을 끊임없이 경험하게 된다. 결과적으로, 어떤 사람들은 성적 경험에 심리적 불안, 죄의식을 가지고 계속 그 해결을 위해 스스로의 에너지를 쏟아 붓게 된다.

그 일례로서 24세 여성으로부터 다음과 같은 상담을 의뢰받은 일이 있다. 그녀는 남성을 만나면 바로 성관계를 하게 되어 지금까지 몇 명인지 모를 남성과 관계를 가져왔지만 그것이 큰 고민거리이고 끊임없이 갈등을 하고 있다는 것이다. 그 이유는 그녀는 대단히 엄격한 기독교 가정에서 자라 혼전의 성관계는 나쁘다고 계속 교육받아 왔기 때문이다. 그래서 자신이 취하고 있는 행동이 부모의 교육에 위배되는 것이고 부모를 거스르는 행위이므로 몹시 부끄럽게 생각했다. 그녀는 몇 번이나 그만두려고 생각했지만 그 경우가 되면 또다시 유혹에 빠져 같은 과정을 되풀이하게 된다는 것이다.

2) 프로이드의 영향

미국사회의 성의 견해는 프로이드의 정신분석학적 이론이 대표적이다. 프로이드는 인간의 인격 이해에 위대한 공헌을 했다. 더욱이 성에 관해서 부정적이었던 빅토리아시대의 풍습을 무너뜨려 인간의 성을 인격 발달의 중심에 놓고, 유아섹스의 사고를 이론화한 일은 실로 혁명적이라고 말하지 않을 수 없다. 그러나 프로이드도 그가 배운 시대의 사회사상으로부터 영향을 받고 있었던 것은 부정할 수 없다.

그의 사상을 한마디로 말하면, 전통적인 기독교 사상과 같이 성이란 강렬한 본능이고, 문명에 대항하는 것이라는 주장이다. 따라서 가족의 기능이란 자신의 육욕의 향락에만 흥미를 갖는 야만적인 갓난아이를 훈련하고 어떻게 해서든지 사회의 요구에 부응할 수 있는 인간으로 길러내야 한다는 것이다. 이를 위해 부모의 역할은 어린이들에게 도덕을 가르치고 성 충동을 제어하는 것이라고 할 수 있다.

프로이드의 사상은 참 인간성이라고 하는 것은 인간문명에 반비례하는 것이고, 억압과 제어를 통해서만 성 에너지를 문명의 발달에 사용하게 된다고 주장하고 있다. 전통적 기독교 사상이 성에 대한 정치적, 사회적 억압에 중점을 두고 있는 것에 비해, 프로이드는 성에 대한 심리적 억압에 중점을 두고 있다.

3) 좌익적인 성의 수용방법

다음으로 미국사회에서 보여지는 성 견해는 프로이드의 전통에서 출발하고 그것을 마르크스주의와 배합시키려고 하는 좌익적인 성 견해이다. 그 중심사상은 인간의 성적 억압은 불필요하며, 어린이도 성인도 인간에게 주어진 성을 자유롭게 표현할 수 있도록 하지 않으면 안 된다는 입장이다.

예를들면 성적 도착이란 성의 사회성 부족이나 억압·제어의 부족에서 일어나는 것이 아니고 역으로 성을 사회화하거나 억압하려고 하는 것에 의해 발생하는 것이라 생각한다. 인간의 성본능은 좋은 것이고 그것을 억압하는 것은 인간의 자연과정에서 벗어나는 것이라고 생각한다.

이 견해는 프로이드의 견해를 뒤집은 것으로 문명이 인간의 자연적인 모습을 억압하고 아름다운 성 본능을 왜곡하는 원인이 된다는 것이다. 문명이 악자이고, 인간의 성 본능이 선자라고 생각되기 때문이다. 이러한 견해를 갖고 있는 사람들로 라이히(W.Reich), 구드만(P.Goodman)을 들 수 있고, 이러한 사람들의 정치적 입장은 사회의 재구성과 사회를 인간의 자연적인 모습에 알맞도록 변화시킬 필요가 있다고 하는 것이다.

4) 학습파의 성 수용방법

이상의 견해는 인간의 성이란 본능이고 그것을 선악과 각각 다른 입장에서 해석하고 그 본능을 어떻게 처리하면 좋을까라는 생각에 기초를 두고 있다. 그러나 근년 들어 이 성 본능이란 생각을 뒤로 하고 인간은 성 행동을 포함해 자신이 처한 환경에서 모든 행동, 사고, 태도를 배우는 것이라는 견해가 나왔다. 요컨대 이것은 심리학 중에서도 학습파라 불리우고 있는 사람들의 생각이다. 이 견해는 인간을 주위환경에서 활동적, 능동적으로 배울 수 있는 조직체라고 생각하고 있다.

배우는 것은 의식적으로 배우는 경우도 있고, 또 전혀 의식하지 않고 배우는 경우도 있다. 이것은 인간의 성장과정에서 인간의 행동이 끊임없이 환경에 의해 형성된다고 생각하기 때문이다. 학습모델로 불리어지고 있는 것으로는 여러 가지 형과 복잡한 틀(form)이 있지만, 중요한 것은, 인간은 본능보다도 환경이 인간행동의 형성에 주요한 역할을 하고 있다는 사고방식이다. 따라서 이 견해에서 동성연애자를 예를 들 경우, 동성애를 그 사람의 성장에서 배운다고 이해하고, 정신분석이론의 오이디프스 혼란에서 온다는 해석과는 견해를 달리 하는 것이다.

5) 사회·문화학습 이론

마지막으로, 생각되어지는 견해는 사회·문화학습이론이라고도 불리워지는 사고방식으로 어느 사회에 있어서도 또 어느 역사적 시기에 있어서도 인간이 '성적'이 되는 것은 특별한 일이 아니고 다른 행동과 마찬가지로 자연에서 배운다고 생각한다. 우리들 인간은 주위에 있는 사람들로부터 어떤 의미, 기능, 가치관을 배우고 그것을 통합한다. 그러나 우리들이 하는 중대한 선택은 종종 환경 속에서 그 흐름에 따라 자신도 의식하지 못하는 사이에 결정된다는 것이다.

유아기에는 우선 다른 사람이 기대하고 있는 일을 몇가지 배우고 아동기, 청년기, 성년기를 통해서 자신은 누구인가? 또, 어떻게 행동해야 할까를 차차 원만히 배워간다고 생각한다. 성적 행동도 같은 과정을 통해서 배우고 인간이 상호관계에서 얻고 통합되며 자신의 특정한 문화, 역사적 세계에서 선택되고 수행되어가는 것이라고 생각하고 있다.

이 견해의 특징은 인간의 성을 단순히 태어날 때부터 가지고 있는 본능으로 보지 않고 우리들이 성장과정에서 자주 다른 방식, 속도, 다른 결과에서 배우고 얻은 것이라고 생각한다. 따라서 이 관점에서 인간의 성을 볼 경우 다음과 같은 사항인 대체 우리들 인간이 어떻게 성에 관해서 배울까, 시기와 장소가 어떻게 우리들의 성적 태도에 영향을 줄까, 무엇을 어떻게 어린이들이 배울까, 어떻게 성인이 자신의 성을 취급할까, 또 인간의 일생을 통해서 어떠한 성적 변화가 있는 걸까라는 연구가 성 이해에 중요한 의미를 제공한다.

더욱이 이 사고와 관련해서 각각의 문화, 사회에 있어서 이상으로 여기고 있는 성적 행동이란 무엇이고 무슨 이유로 이상이

라는 표(Label)가 붙여지고 있는지, 또 어느 사회에서도 남녀가
각각 다른 사회적 역할이 있지만, 대체 어떠한 과정과 방식으로
남녀 스스로의 성적 주체성을 얻는 것인지, 그리고 어떠한 요소
가 성적 역할, 행동의 발달로 유도되고 있는지에 대한 남성적,
여성적 행동의 연구가 요청되어 왔다.

　이 책의 접근은 상기의 사회·문화학습 이론에 비중을 크게
두고 있다. 그러나 인간의 성에 대한 본능과 생리적 욕망을 무
시한 것이 아니다. 장애인의 성을 이해할 때에 문화·사회적 접
근이 간단히 성을 본능이라고 정리해 버리기보다 훨씬 분석적인
의미가 있기 때문이다.

3. 성 시나리오의 개념

　여기에서는 사회·문화학습이론에 관련해서 성 시나리오의
개념을 설명하기로 하겠다. 이 책에서는 사상이나 이론은 거의
언급하지 않았는데 갑작스럽게 장애인의 성에 대한 사상이나 이
론을 쓰라고 하면 조금 초조해지기 시작하는 사람이 있을지도
모른다.

그러나 이 성 시나리오의 개념을 염두에 둠으로써 장애인의 성이 사회에서 어떠한 위치를 차지하고 있는가를 이해하는데 도움이 될 것이다. 사회학자로서 특히 인간의 성행동을 중심으로 연구하고 있는 존 가그논(John Gagnon)은 성 행동을 이해하는 데에 '성 시나리오'의 개념을 사용하고 있다.

시나리오란 소위 연극에서 배우의 대사를 가리킨다. 이 시나리오란 사람들이 과거에 무엇을 했는가를 기억하고 있는 방법이고 지금 무엇을 하고 앞으로 무엇을 할까라는 계획을 염두에 두고 있는 안내책 같은 것이라고 설명하고 있다. 더욱이 시나리오란 어떤 특정의 활동을 누구와 어떻게, 언제, 어디서, 왜 하는가라는 청사진 같은 것이고, 우리들이 무엇을 할 경우에 그 행위에 대해서 누구와, 언제, 어디서, 왜 하는가에 대해서 생각하게 하고 우리들의 행동을 지시하기도 한다.

이 개념을 분석 방법으로 하는 사회학자는 어느 사회에 있어서도 모든 사회행동이라 하는 것이 시나리오화 되고 있다고 주장한다. 예를들면, 공적 시나리오, 사적 시나리오, 정치가의 시나리오, 교사의 시나리오 등 수많은 시나리오를 생각할 수 있다. 단순한 사회는 시나리오의 수도 적고 그 사회에 사는 개개인의 사나리오의 변화도 적지만 미국이든 일본이든 사회가 복잡해지면, 시나리오의 수도 많고 또 개인적 시나리오의 변화도 많아진다. 사회에 있어서는 개개인이 각각의 시나리오에 따라 행동을 하고 있다고 생각하게 된다.

성 시나리오는 사회 시나리오의 일부로 생각하고, 다른 사회 시나리오와 같은 목적과 방법에 의해 작성되고 있다고 생각한다. 그러나 개인의 성 시나리오, 또는 그 사람의 성적 활동의 유형은 그 사회적 문화가 좋기 때문에 이루어지거나 또는 문화가 주는 성 시나리오만에 의해 이루어지는 것은 아니다. 한 사람한 사람의 인간에게 각각의 다른 성격이 있듯이, 성 시나리오에도 다른 성격이 나오기 때문이다.

존 가그논(John Gagnon)에 의하면, 성 시나리오를 배우는 때는 미국에서는 사춘기라고 한다. 사춘기에 일어나는 신체의 변화를 신호로 해서, 그 아이를 둘러싸고 있는 세계는 그 아이가 성적 인간이 되었다고 생각하기 시작하고, 그 아이를 지금까지와 다른 방식과 기대를 가지고 다루게 된다고 하는 것이다. 이

것은 사춘기를 경계로 해서 어린이가 성인이 된다고 생각하면 된다.

지난 세대에서는 어린이에게 성인의 성적 지위를 주는 것이 사춘기와 함께 급속히 진행되는 경우도 있지만, 근대사회에 있어서는 이것이 천천히 진행되어 간다. 사춘기에 들어선 아이는 십대(Teen)의 시대를 통해서, 성인의 성행동의 지식과 기능을 조금씩 배운다. 이것을 존 가그논(John Gagnon)은 사춘기 아이가 성 시나리오를 얻는다고 하고, 어떤 특정의 상태에 있어서 어떻게 성적으로 행동하면 좋은가라는 '청사진'을 배우는 것이라고 설명하고 있다.

1) 성 시나리오의 구조

성 시나리오의 구조란 어떤 것일까? 그 첫 번째는 '누구와' 성관계를 할 것인가로 정의된다. '누구와'라는 것은 그 문화의 사회구조의 계급적 서열이 커다란 역할을 수행하고 있다. 대부분의 사람은 어떤 한정된 사람 수와 한정된 종류의 사람들과 통상 성생활을 한다. 대체로, 그 상대는 이성이고, 자기와 연령이 비숫한 사람으로 인종, 종교, 또는 사회계급에 따라 더욱 한정되어 있다.

두 번째 성 시나리오의 구조는 사람들이 '어떻게' 성관계를 가지면 좋을까에 대한 정의를 제시하고 있다. 일반적으로 사람이 현재 행하고 있는 성행위를 보면 그 대부분이 '좋다', '나쁘다', '적절하다', '부적절하다' 등으로 결정되고 있음을 알 수 있다. 예를 들면, 사람들이 서로 안고 키스하는 것은 '누구와' 하는 것인가를 한정하면, 미국사회에서는 그다지 저항을 느끼지 않는다고 생각한다.

또 성교는 결혼에 따른 성 시나리오의 일부이고 사회가 공인한 행위이다. 또 성교의 체위를 보아도, 남성이 위로 향해져 있어 여성의 위에 있는 자세를 일본에서는 '정상위'라 부르고 있다. 이 말 자체를 보아도 이것이 가장 적절한 성교 체위인 것을 시사하고 있는 것 같다. 그런데 오랄섹스 등을 생각하면, 적절한가 부적절한가 하는 것은 더욱 복잡해지는 것 같다. 그리고 언제, 누구와 어떠한 이유로 라고 하는 것을 명확하게 한정하게 된다.

세 번째 성 시나리오의 구조는 '언제' 성관계를 가지는 것이 적정한가를 정의하고 있다. 예를 들면, 일본에서도 미국에서도 성관계는 사적인 때에 행해진다고 하는 시나리오가 있다고 생각된다. 결혼한 부부의 경우, 성관계를 하는 것은 밤에 어린이가 잠든 후, 어린이가 집에 없는 경우에 하여 다른 사람에게 방해받지 않도록 또 다른 사람에게 알려지지 않도록 신경을 쓰고 있다.

또, '언제'라고 하는 시나리오는 단순히 하루 중의 시간만이 아니고 넓게 일 주, 월 그리고 적합한 연령을 정의하고 있다. 예를 들면, 어느 사회에서나 일정 연령이 되어야 성행위가 적당하다고 보고 있다. 처음 성교를 경험하는 연령은 몇세 정도가 적당한지 또 몇세 정도가 되면 성적 매력을 잃는가란 시나리오가 있다.

일본에서는 미국과 마찬가지로 성행위는 젊은 성인 사이에서 행해지는 것이고 나이가 들면 그다지 성행위를 하지 않는 것이라고 하는 잠재적인 생각이 강하게 있다. 따라서 65세의 노인이 아직 성교를 하고 있다거나 또 남자 노인이 사창가에 가끔 다닌다는 이야기가 나오면 사람들은 불결한 노인, 심지어는 머리가 정상이 아니라고까지 생각한다. 이 부정적 반응은 '언제'가 성행위에 적당한가라는 것이 생물학적 사실보다도, 사회적 통념에 의해 결정되어 있기 때문이다.

네 번째 성 시나리오의 구조는 '어디에서'라는 장소의 정의를 하고 있다. 사회가 인정하고 있는 장소란 전술의 '언제'와 마찬가지로 프라이버시를 들 수 있다. 특히, 미국에서는 부모와 자식의 침실이 따로이고, 성행위는 문이 닫혀져 있는 밀실에서 행해지는 것이 통상적이라 여기고 있다. 일본에서도 주택사정이 좋아지고 개인 방에 대한 생각이 광범위하게 침투해가고 있다.

그러나 역사적으로 볼 때 한 사람 한 사람이 자기의 침실에서 잔다고 하는 것은 구미에서도 옛날부터 있었던 습관은 아니었다. 옛날에는 어린아이가 부모와 함께 같은 방, 침대에서 자는 것이 그리 진귀한 일이 아니었으니까. 성과 프라이버시라고 하는 문화적 습관은 비교적 최근에 발생한 것이라고 여겨진다.

'어디에서'라는 성 시나리오를 생각하면, 다른 사람에게 보여지지 않는 장소인 집 안이나 밖에 있어도 사람이 없는 산 속이라던가 자동차 안을 들 수 있다. 남의 눈에 띄지 않는 곳, 요컨대 프라이버시가 성 시나리오의 공인 장소라 말할 수 있다.

마지막, 다섯 번째 성 시나리오의 구조 중에서 '왜' 섹스를 하는가라는 정의가 있다. 이 '왜'라는 질문은 왜 인간에게는 생식할 능력이 있는가, 또는 왜 성교하는가 라는 질문이 아니고, 성적 행동에 대한 문화적인 적절한 설명은 어떠한 것인가라고 하는 것이다.

이 '왜' 라는 질문의 답은 참으로 여러 가지가 있다. 가령, 생식을 위해, 쾌락과 본능을 만족시키기 위해, 유희, 사랑, 친근감을 얻기 위해, 반발 때문에, 봉사를 위해, 돈을 얻기 위해 등. 이 답 중에 어떤 이유는 사회적으로 공인된 것이고, 어떤 이유는 비밀로 해서 자기의 것만으로 해두는 것이 있다.
이 '왜'라고 하는 질문이 성 시나리오 중에서 가장 복잡하고 사회와 개인이 안고 있는 가장 불명료한 사항으로, 잠재적으로 여러 가지 문제를 초래하는 원인이라고 생각한다.

　이상의 '누구와', '어떻게', '언제', '어디서', '왜'라는 물음으로 모든 사회의 성 시나리오가 그 답을 가지고 있다고 존 가그논 (John Gagnon)은 생각한 것이다. 물론, 다른 사회의 성 시나리오는 각각 다른 것이겠지만, 시나리오를 구성하고 있는 '누구와', '어떻게', '언제', '어디서', '왜'라는 것은 같은 셈이다. 따라서 모든 사회의 사람들은 그 사회의 성 시나리오를 배우고, 그것을 어떻게 응용하고, 조종하면 좋은가를 익히는 것이 성장의 일부로 되어 있다.

　그러나 이 성 시나리오를 배운다고 하는 것은 수학이나 영어를 배우는 것과는 달리, 우리들을 둘러싸고 있는 세계가 주는 암시라던가 실마리를 서서히 쌓아가는, 무의식 중에 배우는 것이라고 이해할 필요가 있다.

4. 성적 억압을 받고 있는 사람들

앞에서 성 시나리오의 개념 설명을 했지만, 여기에서는 현재의 미국과 일본 사회의 성 시나리오를 좀 더 예를 들어 설명해 보고자 한다. 독자 여러분들 개개인의 성 시나리오도 함께 생각해 보시기 바란다. 사회의 성 시나리오와 개인의 성 시나리오를 이해하면 보다 사회 및 자신의 성에 대한 가치관, 태도, 행동 등이 명확히 될 뿐만 아니라 자신이 어떻게 장애인의 성에 대해서 생각하고 있는가 하는 것도 명확해진다고 생각된다.

1) 성교육 반대동맹

이전에 필자가 펜실베이니아 주의 필라델피아에서 살고 있을 때에 종종 소학교, 중학교의 PTA회합에서 어린이의 성교육에 관해 이야기해 달라는 부탁을 받고 몇 번 간 적이 있다. 그런데 어느 회합에서나 4-5명의 성교육반대동맹 회원들이 출석해서 필자의 강의가 끝나자마자, 강연 내용과는 전혀 무관한 자신들의 성교육 반대 의견을 회장에서 늘어놓는 것이었다.

어느 회장에서나 참가한 사람은 달라도 표명되는 의견은 동일하여 같은 소속의 단체이거나 유사단체에 속해 있음에 틀림없었다. 그런데 이 사람들의 의견은 우선, 성교육은 가정에 속하는 것이고, 학교 등 공공의 장소에서 어린이에게 가르치는 것이 아니라는 것이었다. 성교육을 학교 등 공공장소에서 가르치면 어린이를 자극하고 불량하게 만드는 원인이 된다는 것이다.

그 예로서 스칸디나비아 제국은 성적 자유가 너무 지나쳐서 성도덕이 문란해 혼외 임신, 미성년자의 임신이 격증하고 있으며, 성행위는 결혼한 사람이 생식을 목적으로 행하는 것으로 미혼자를 위한 행위는 아니라고 하는 생각이었다. 이 같은 의견을 가진 사람과 학교에서의 성교육을 지지하는 사람들로 회장은 두 파로 나누어져 열띤 토론이 일어나는 일이 종종 있었다.

이 같은 경험을 하고 2년 전 九州의 어떤 시에서 '인간의 성과 복지'라는 주제로 강연한 때의 일이었다. 조금 빨리 회장에 갔을 때, 내 앞으로 편지가 왔다고 해서 전혀 아는 사람이 없는 곳이므로 의외로 생각했다. 편지의 내용이 미국의 성교육 반대동맹 회원이 주장한 의견과 같은 것이었다.

요컨대, 스칸디나비아의 나라만이 아니고 미국의 성도덕이 문란하고, 그 여파로 미국사회가 계속 붕괴하고 있다. 그 성의 자유사상을 일본에 가져오는 것은 부당하다. "너 같은 녀석이 있으니까 세상이 나빠지는 거라"고 쓰여 있고, 마지막으로 주소와 이름은 익명으로 되어 있었다. 또, 이 사람의 성에 대한 생각은 성의 목적은 생식이고 이 목적에 의해서만 성교가 이루어져야 한다는 것이다. 따라서 성은 결혼한 사람들에게만 속하는 것이라는 생각이었다. 이 같은 사람들의 사고에 적지 않게 놀랄 뿐이다.

2) 생식 편견

성은 생식을 위해서이고, 따라서 결혼한 사람들에게만 속하는 것이라고 하는 것은 미국, 일본을 불문하고 지금도 많은 사회에 뿌리깊게 남아 있는 성 시나리오가 아닐까 생각한다. 이 관념은 성 연구자 사이에서는 '생식 편견'으로 불리고 있다. 성이 오직 생식을 위한 목적으로 정의된 것은 옛날의 일만은 아닌 것 같다.

예를 들면, 원시인들은 성교와 생식의 관련성에 대해 생각이 미치지 않았다고 생각된다. 외부에서 영혼이 여성의 몸 안으로 들어오고 그것이 어린이가 된다고 생각한 시대였다. 또, 일본과 서구에서도 성의 즐거움이 생식과 같은 정도로 중요하다고 생각한 시대도 있었다.

성의 목적은 생식이라고 잘라 말하는 것은 편견이라고 생각된다. 거기에서 문제가 되는 것은 정신지체인의 수용시설에서 근무하고 있는 직원들이 성이란 생식을 위해서이고, 결혼한 사람들에게만 허용되는 것이라는 성 시나리오를 갖고 있다고 전제해 보자. 이 경우에 이 직원이 돌보는 정신지체인이 성적 흥미나 이성에게 강한 흥미를 나타낼 때에 이 직원은 필경 무슨 방법으로든지 그것을 단념시키지 않을까? 왜냐하면, 이 직원의 성 시나리오에는 정신지체인은 제외되어 있기 때문이다.

정신지체인은 생식해서는 안 된다. 또, 결혼할 기회도 없다. 따라서, 성행위를 할 필요도 없고 그 권리도 없다라고 하는 논리가 성립된다. 이 생식 편견의 입장에 의하면, 공인된 성이란,

혼인관계에 있는 남녀가 성교하고 아이를 낳는 일이 가장 바람직하다. 아이를 낳을 수 있는 자격을 가진 사람은 젊고 건강한 자로 너무 젊은 십대도 노인도 아니고 사회의 생산에 공헌할 수 있는 사람이어야 한다고 생각한다.

이 견해에 의하면, 어린이, 노인, 장애인 등은 성 시나리오에서 제외되고 그 사람들의 성적 욕구는 무시되고 여러 가지 형태로 이와 같은 사람들의 성적 표현을 억압하게 된다. 예를 들면, 정신지체인들의 결혼이 주위사람들에 의해 반대되는 이유의 하나로서, 결혼조건이 경제적 자립과 연결되어 있기 때문이다. 정신지체인은 경제적 자립이 어렵고, 그 때문에 결혼할 권리도 잃게 된다. 결혼하지 아니하면 생식도 하지 않고 성도 필요없다고 보는 것이다.

3) 노인의 성 행동의 예

다음 노인의 성 행동의 예를 생각해 보자. 대략 70세 정도의 양로원에 거주하는 남성이 매월 노령연금이 나오면 꼭 한 번 사창가에 갔다 온다고 한다. 대체로, 이 같은 얘기가 전해지면 큰 스캔들이 되고, 이 노인은 비방의 대상이 되는 것이다. 보통 온갖 압력이 주위로부터 가해지고, 결국 이 노인은 사창가 출입을 그만두게 될 것이다. 나이 값도 못한다는 말을 듣게 될 뿐만 아니라 이 노인의 행동은 사회의 공인된 성 시나리오에서 아주 벗어나 있다는 것이다. 노인은 성과 전혀 관계없고, 오히려 성에 흥미를 나타내는 노인은 부도덕한 자던지 또는 머리가 이상한 인간으로 간주되기 때문이다.

그런데 최근에 노인의 성생활을 조사해 보면 나이가 많아도 성생활을 계속하고 있는 분들이 있다는 것을 알았다. 그러나 성생활을 계속하려면 여러 조건을 갖추어야 한다. 예를 들면, 우선 건강하지 않으면 안되고, 성욕과 성에 대한 흥미도 있어야 한다. 청장년·중년 때 성을 즐기고, 활발했던 사람들이 노년이 되어도 성생활을 계속한다는 것이다. 물론 젊었을 때와 같은 정도의 활발함은 없다고 할 것이다.

그러나 노인의 성 활동은 반드시 젊은 사람과 같이 오르가즘을 목적으로 행하는 것이 아니고, 친근감에서 오는 쾌락 등 심리적인 만족감을 목표로 행하는 것 같다. 여성노인의 성생활이 끝나는 최대 이유는 상대가 되는 남성이 먼저 죽거나, 건강이 나쁜 경우를 들 수 있다. 그러니까 건강한 70세 노인이 월 1회 사창가에 다녀도 별로 이상할 것이 없는데, 노인과 성은 무관하다고 하는 성 시나리오에 의해 비난이 집중되기 때문이다.

인간의 성을 단순히 음경과 질의 접촉이라던가, 오르가즘을 느끼려는 행위라고 하는 것은 너무 편협한 생각이다. 성은 생식 이외에 많은 요소를 내포하고 있다. 예를 들면, 피부와 피부의 접촉에서 경험할 수 있는 만족감, 특정의 사람과 함께 신체를 맞대고 있는 친근감, 성교 뒤에 경험할 수 있는 긴장감의 풀림, 자기가 남성 또는 여성이라는 자기인식의 재확인 등 생식과는 무관한 요소가 성행위에 내포되어 있는 것이다.

사창가에 다니는 노인의 동기를 추측하면 단순히 생리적인 만족감 이상으로, 심리적 만족감 쪽이 보다 큰 비중을 차지하고 있는 것은 아닐까? 젊은 여성의 피부를 접하면서 잃고 있던 자신의 남성성을 재확인하고, 또 살아 있다고 하는 자기인식이 되는지도 모른다.

사회도덕의 좋고 나쁨을 떠나 현재 특히, 양로원 이외의 특수한 장소에서 생활하지 않으면 안되는 노인이 자기의 성이나, 인간성을 표현할 수 있는 장소가 너무 없는 것은 아닐까, 또 돈 때문이지만 사창가에서 일하는 여성처럼 이 같은 노인을 위로하고 정중히 대해 주는 사람이 지금 사회엔 없는 것이 아닐까. 이처럼 한 노인의 사창가 출입은 인간의 성 생활에 사회적, 심리적 의미가 내포되어 있기 때문에, 단순히 불결이라던가 머리가 돌았다고 하는 둥, 노인의 행동을 판단하는 것은 경솔한 생각이라 하지 않을 수 없다.

4) 수용시설에서의 생활

노인문제가 더욱 복잡해지는 이유는 노인들이 양로원에서 집단생활을 하고 있다는 것이다. 수용시설에서의 생활은 공사가 명확하지 않다. 개인생활상의 선택의 자유와 프라이버시가 현저히 속박을 받고 있다. 수용시설은 한 사회조직체로서 그 중에서 생활하는 사람들의 행동, 태도, 사상을 끊임없이 공식, 비공식적인 규칙에 의해 관리하고 있다. 그곳의 거주자가 그룹의 규

범에서 벗어날 것 같으면, 여러 형태로 제재가 가해지고 그룹의
규범에 맞추도록 온갖 노력이 요구된다.

제재에는 여러 가지의 방법이 있지만, 이단자로 험담을 하고,
적대하는 사람들을 만드는 것도 한 방법이고 우선 주위 사람들
로부터 따돌림당하고, 규범에서 벗어나는 자는 최후엔 시설에서
추방당하는 괴로움을 겪는 경우도 있다.

이 사창가에 다니는 노인은 사회통념을 무시하고, 또 양로원
의 보이지 않는 규칙을 무시하고 자신의 개인적 욕구를 만족시
키는 일을 하고 있기 때문이다. 따라서, 문제의 핵심은 개인의
필요와 집단의 필요 사이의 차이를 어떻게 조화시키는가 하는
데에 있다. 바꾸어 말하면, 개인의 성 시나리오와 집단의 성 시
나리오를 어떻게 조화시키면 좋을까 하는 경우이다.

특히, 일본사회처럼 공과 사적인 생활의 구별이 명확하지 않
은 장소가 많은 곳에서는 끊임없이 주위 사람들의 시선을 의식
하면서 생활하게 된다. 또, 수용시설에서는 집단의 필요가 개인
의 필요에 우선되기 쉽고, 개인의 인권과 자유가 무시되는 위협

을 계속 받고 있다고 할 수 있다.

휠체어를 사용하고 있는 뇌성마비 청년이 다음과 같은 이야기를 해 주었다. 그는 대학을 졸업하고 장애아 학급의 교사를 하고 있는 사람이다. 그는 휠체어를 타고 있는 것만으로도 많은 사람이 자신을 작은 아이와 같이 다룬다고 했다. 그의 머리를 쓰다듬거나, 이야기할 때도 마치 어린이와 이야기하듯이 하고, 또 위압적으로 대해 오는 등 여러 가지라고 말한다.

이것은 한 청년의 이야기이지만, 장애인이 이와 비슷한 경험을 언제나 한다고 해도 과언이 아니라고 생각한다. 최근 조사결과를 보아도 장애에 의해 차별대우를 받는 일이 없도록 법률에 의해 보장되어 있어도 실생활에서는 아직 장애인들이 많은 차별적 대우를 받거나 불유쾌한 경험을 하는 경우가 많음이 보고되고 있다.

특히, 무례하게 장애인을 물끄러미 바라보는 자, 어떻게 해서 장애인이 되었는가를 꼬치꼬치 집요하게 질문하는 자, 그 중에는 '너 같은 불구자는 사회에서 없어지는 게 낫다' 라고 매도

하는 사람이 아직 많다는 것이, 장애인의 경험으로 보고되어 있다. 물론, 이 같은 이야기는 미국만의 일이 아니고, 일본에서도 흔히 듣는 이야기라는 것을 잊어서는 안 된다.

물론, 장애인을 어린이와 같다고 생각하고 불완전한 인간이라고 평가하면, 장애인의 성적 필요는 아주 무시당하게 된다는 말이다. 어린이의 성 시나리오는 이 사회에는 존재하지 않고 불완전한 인간의 성 시나리오도 존재하지 않는다. 따라서 장애인을 성적 욕구를 가진 인간으로 취급하기보다 무성 인간으로 대하게 된다. 그 반면 장애인, 특히 정신지체인들이 건강한 자의 성적 착취의 대상이 되는 이유는 본인의 자기방어가 잘 되지 않는 경우도 있지만, 착취자의 머리에는 장애인은 불완전한 인간이니까, 어떻게 취급해도 좋다라는 마치 동물을 대하는 것 같은 생각이 감추어져 있다고 생각된다.

내가 여기에서 문제점으로 지적하는 것은 장애인이 성 경험을 갖는다, 갖지 않는다라는 것이 아니고 인간의 중요한 필수적인 요소 중의 하나인 성적 경험을 장애인이기 때문에 그 기회를 건강한 자와 같이 부여하지 않거나, 사회적 억압에 의해 그들의 성적 표현의 자유와 권리가 주어지지 않는다고 하는 것이다.

먹는 것, 자는 것과는 달리 인간은 성행위를 하지 않아도 살아가는 것이 가능하다. 예를 들면, 카톨릭 신부, 수녀는 성 없는 독신생활로 일생을 보낼 것을 맹세하고, 또 간디처럼 성교를 끊고 사회혁명에 전력을 다한 사람도 많이 있다. 중요한 것은, 이러한 사람들은 스스로의 선택과 의지에 의해 성교를 끊은 것이고, 장애인이 성적 억압을 받고 있는 것은 조건을 달리 한다고 생각한다.

요컨대, 장애인에게 자기의 선택이라고 하는 사회적 조건과 기회가 건강한 자와 동일하게 주어지지 않는다는 것이다. 더욱이 우리들이 생각하지 않으면 안되는 이후의 과제는 장애인에게 평등한 성적 권리를 주고, 자기선택을 할 수 있는 상황을 만들기 위해 최선의 방법을 찾는 것이라 생각한다.

사회의 성 시나리오 개념을 사용하고 장애인을 포함해 성 시나리오가 공인되지 않는 일부 사람들에 대한 성적 억압을 서술했다. 이 억압의 대상인 장애인을 신체장애인과 지능장애인, 두 부류로 구분하고 그들이 직면하고 있는 성 문제와 그 사회, 심리, 생리적 요인을 보다 상세히 서술하는 것은 다음 절에서 시도하겠다.

그 전제가 되는 성 반응의 심리, 생리학에 대해서는 간결하게 살펴보도록 하겠다. 인간의 성 반응에 대한 이해가 장애인의 성 기능 문제에 대한 이해에 도움이 될 뿐 아니라, 후편의 상담방법 파악에도 필요한 지식이기 때문이다.

5. 성 반응의 심리 · 생리학

성은 두뇌로 한다고 말해지고 있지만, 실로 맞는 말이고 성반응 특히 성욕은 두뇌 속의 특정 신경조직을 활성화하는 것에 의해 일어난다. 그러나 아직 성욕의 신경생리학적 규명은 식욕이나 수면욕과 같이 상세히 해명되어 있지 않다. 현재 성욕의 생리학적 개념은 소수의 실험과 임상의 자료와 뇌기능의 일반적 이해에서 나온 것으로 생각된다.

실험자료에 의하면, 성욕도 다른 신체적 욕망과 같은 메카니즘에서 발생된다. 그 첫째 이유로는 성 반응이 뇌의 특정한 해부학적 구조활동에 의해 일어난다. 둘째, 그 구조에는 성욕을 증진하는 중심부분과 감퇴시키는 중심부분이 존재하고 있다. 셋째, 그 구조에는 억제 또는 흥분시키는 두 개의 특정 신경전도체가 움직인다. 넷째, 이 구조가 다른 뇌부분에 연결되어 있어 성욕이란 것이 개인의 전체적 생활경험에 의해 영향을 받게 되어 그 구조에 통합될 수 있다.

특정의 선정(煽情)이 사람들에게 성욕을 일으키게 하고 그 사람의 성적 행동의 동기가 된다. 이 선정은 뇌 속의 특정 신경조직의 생리활동에 의해 생겨난다. 이 조직이 활동하고 있을 때에 인간은 왠지 성욕을 느낀다던가, 생리에 자극을 느낀다던가, 단순히 초조해서 침착하지 못한다던가 하는 것을 느끼기 때문이다.

선정은 성적 흥분을 충분히 경험하고 성적 만족을 얻으면 줄어든다. 이 조직이 활동하고 있지 않을 때에, 또는 억제당할 경우에는 사람은 에로스에 흥미를 나타내지 않고, 성욕이 없는 상태가 된다. 하지만, 현재로서는 어떻게 성 행동과 관련된 신경 활동이 성욕 발동에 전달되는 것인가는 정확히 알려지지 않고 있다.

이상은 성 반응의 뇌조직과 성욕의 생리적 지식에 대해 살펴보았지만, 인간은 생리적 동물임과 동시에 사회적 동물이고, 성적 선정이 뇌에서 일어나도 그 선정을 돋우는 자극은 그 사람을 둘러싸고 있는 상황에 의해 일어난다고 보고 있다.

생각해 보라. 우리들은 하루 생활 중에서 여러 가지의 성적 자극을 받는다. 예를 들면, 남성이라면 아름다운 여성을 만났을 때, 여성의 스커트가 바람으로 인해 펄럭거려 하얀 다리가 갑자기 드러날 때, 여성이라면 풍채 좋은 남성의 뒷모습을 보았을 때(注, 미국 여성은 풍채 좋은 남성의 뒷모습이 가장 자극적이라는 사람이 많다.), 근육 좋은 남성을 보았을 때 갑자기 성욕을 느끼고 성적 사고를 불러일으킨다.

그러나 이 성적 사고는 일시적이고 원래의 비성적 상태로 돌아간다. 그러나 어떤 경우에는 이 자극이 길고 깊은 성적 명상을 일으키고, 결국은 그 사람의 생리(예를 들면, 음경(陰莖)이 딱딱해지거나, 질이 닫히거나)에도 반응을 나타내기도 한다.

이와같은 성적 자극과 반응의 메카니즘에 대해 사회학자 존 가그논(John Gagnon)은 우선, 표면적으로 간단히 보아도 복잡한 과정이 포함되어 있다고 주장한다. 그의 설명에 의하면 자극, 성 반응이 메카니즘에 포함되어 있는 것은 그 사람 개인의 문화적 역사이고 이 역사를 통해서 어떤 사건을 성적으로 정의하는 것을 배운다고 말한다.

이것을 간단히 설명한다면, 개인의 발달과정에 있어서 어떠한 것에 성적 의미가 있는가를 반복 경험해서 배우고, 그것을 개인의 성 시나리오 속에 넣고 있다는 것이다. 예를 들면, 여성의 나체는 성적이라고 하는 조직화된 정보를 자기의 성 시나리오에 갖고 있기 때문에 그것에 의해 여성의 나체를 보면 성적 자극을 경험한다.

한편, 동성애를 하는 남성은 여성이 성적 자극의 대상이라고 하는 성 시나리오를 갖고 있지 않다.

이것을 존 가그논(John Gagnon)은 사람의 흥미와 환경에서 얻은 정보를 조직화한 성 시나리오와 그 환경자체의 상호작용이 끊임없이 움직이고 있다고 서술하고 있다. 이것은 우리들의 같은 활동이 어떤 때에는 성적, 다른 때에는 비성적으로 평가되어 경험하는 것은 그 상황과 시나리오에 의한다는 것이다.

1) 성 반응의 생리학

성적 자극은 인간의 신경, 혈관, 근육, 호르몬의 반응을 일으키게 하고 신체 전체의 기능에 영향을 준다. 성적 자극이 어떠한 반응을 성기에 일으키게 하는가에 대해 생리학적으로 설명하면 다음과 같다. 마스터(Masters)와 존슨(Johnson)은 인간의 성 반응을 흥분발래기(發來期), 흥분지속기, 절정기, 이완기의 4단계로 구분했다. 이 성 반응의 생리학적 분류는 인간의 성 생리에 보다 좋은 이해를 가져다 주었고, 성 문제 치료에 지대한 공헌을 하였다.

마스터와 존슨은 그들의 연구를 통해서, 성 생리학에 대한 신지식을 가져왔고 섹스 치료를 조직화해서 효과를 거두어 유명해졌다. 그들의 연구는 18세부터 89세까지 600명의 남녀를 대상으로 총 2500회에 걸친 실험실에서의 성 반응 관찰과 측정을 반복한 결과였다.

흥분발래기는 에로틱한 감정의 경험과 함께 남자는 음경이 발기하고, 여성은 질이 젖게 된다. 성적 긴장의 현상으로서 신체 전체의 혈관 충혈과 근육의 긴장반응을 나타낸다. 신체가 성교의 스트레스 준비를 하기 위해 호흡과 고동이 빨라진다. 그밖에 성기에 생리적 변화가 일어난다.

흥분지속기란, 오르가즘이 일어나기 직전의 상태를 말한다. 이것은 흥분발래기보다 더욱 전진된 상태라고 보면 된다. 이 시기에서는 남녀 모두 주요 성기의 충혈이 정점에 달하고, 음경은 피가 최고의 용량까지 충만하고, 발기는 딱딱하게 되고 음경이 최대 사이즈까지 된다. 고환도 충혈로 크게 부풀고 평상시 크기보다 50%나 크게 된다.

여성의 성기도 충혈이 최고에 달하고, 소음순은 부풀어 오르고, 적색에서 갈색에 가까운 색으로 변하고, 충혈에 의해 두텁게 된 갑상조직이 된다. 더욱이 자궁이 골반 밑에서부터 상승하고 질의 바깥쪽의 1/3이 넓어지고, 음핵은 180 정도 상승하고, 치골 뒤쪽의 평평한 위치에 있게 된다.

절정기는 가장 강렬한 감각을 경험할 때를 말한다. 남자는 0.8초 사이 간격으로 3회부터 7회의 사정이 음경에서 나온다. 오르가즘은 음경의 요도, 음경에 붙은 부분근육과 회음근육의 리듬적 수축작용에 의해 일어난다. 또 여성의 오르가즘은 0.8초의 반사적 리듬에 의한 질 주위의 근육과 음경근육, 갑상조직의 수축작용에 의해 일어난다. 임상에서의 추측에 의하면 오르가즘은 어떠한 형식으로 음핵에 자극이 가해져 촉발한다.

이완기란, 성 반응이 평상시의 생리상태로 돌아가는 시기를 가르킨다. 예를 들면, 오르가즘 후 여성의 음핵은 5초에서 10초 사이에 원상태로 돌아온다. 마스터(Masters)와 존슨(Johnson)의 보고에 의하면, 질이 원래의 상태인 청백색으로 돌아오는데에 10분에서 15분 정도 걸린다고 한다.

이 성 반응의 순환을 4단계로 구분해서 생각하는 방법은 성반응의 설명에 대단히 도움이 된다. 이 설명의 방식에서 잠재하는 사고는, 인간의 성 반응은 일일이 분리할 수 없고 순서도 일어나는 일련의 생리반응이라는 것이다.

그런데 정신과 의사이자 섹스 치료자인 헬렌 카플랜(Helen Kaplan)이 임상에 보다 적당하다고 생각되어지는 생리반응 두 단계설을 주장했다. 그녀에 의하면, 지금까지 단일적이라 생각되어졌던 성 반응은 생리적으로 보아서, 명확히 두 단계의 독립된 요소에서 성립하고 있다는 것이다.

그 첫째의 반응은 성기의 충혈반응으로, 이것이 남성의 음경에 발기를 일으키게 하고 여성의 질의 축축함과 성기의 충혈을 일으키는 작용을 한다는 것이고, 두 번째의 반응은 간대성근육의 수축반사작용으로, 이것에 의해 남녀 쌍방이 오르가즘을 일으키게 한다는 것이다.

이 두 단계의 생리반응이 각각 다른 신경조직에 의해 일어난다고 한다. 음경발기와 질의 축축함, 충혈은 자율신경계통의 부교감신경의 매개에 의해 일어나고, 오르가즘은 교감신경계의 기능이라는 것이다.

따라서, 이 두 개의 성 반응이 중추신경조직의 다른 부문에 의해 작용된다고 하는 것은 두 개 요소 가운데 하나가 장애를 일으키고 저기능이 되어도, 또 하나의 기능은 정상으로 있을 수 있기 때문이다.

예를 들면, 남성의 경우, 발기능력이 저하해도 사정기능은 정상으로 생각할 수 있고, 또 반대로 사정기능장애가 있어도 발기기능이 정상인 것도 생각할 수 있다. 여성의 경우, 성적 자극을 받아도 질이 젖지 않고, 성기도 충혈하지 않는 불감증 또 냉감증이라 불리는 여성은 질이 축축하지 않은 채 오르가즘을 경험할 수 있는 사람도 있다. 또 질이 젖고, 성기가 충혈해도 오르가즘에 달하지 않는 여성도 있다. 그런데도 여성 중에는 이 두 단계의 기능장애를 갖고 있는 사람이 많이 발견된다.

II
신체장애인의
성 문제

   신체장애인에는 다양한 종류인 운동신경, 근육계장애, 신경계장애 등을 생각할 수 있다. 한 종류의 장애만을 보아도 운동장애부터 스스로의 힘으로는 거동이 불가능한 중도장애가 있고 장애의 발생 시기도 태어나면서부터와 청년기, 성장기가 되어 불의의 사고 등으로 장애를 가진 경우도 있다.

   각각의 장애가 복잡한 사회, 심리, 생리적 성 문제를 나타내고 있지만, 여기에선 하나 하나 장애에 관련된 성 문제를 다루지는 않겠다. 이 장에서는 뇌성마비와 척수장애인의 문제를 중심으로 다루기로 한다. 뇌성마비는 태어나면서, 또는 유년이 되어 생긴 장애이고, 척수장애는 사고 등으로 연령에 관계없이 일어나는 장애이다.

1. 뇌성마비 장애인의 성 문제

뇌성마비 장애인의 성적 기능은 잠재적으로는 건강한 자와 같다고 생각된다. 그러나 장애인이 가진 신체, 심리적, 물리적, 사회적 이유에 의해 뇌성마비 장애인의 성적 기능을 건강한 자와 아주 같다고는 잘라 말할 수 없다. 뇌성마비 장애란, 한마디로 말해 그 장애 정도가 각각 달라 보행가능한 사람, 휠체어를 필요로 하는 사람, 누워 있기만 하는 사람, 신체가 떠는 아테토이드 증상을 가진 사람, 언어장애, 지능장애를 가진 사람도 있다.

그 장애의 다양성을 고려해 볼 때 한마디로 뇌성마비라고 말하는 것은 적당한 표현이 아닌 것 같다. 그러나 여기서는 그 위험을 무릅쓰고, 뇌성마비 장애인의 성을 둘러싼 사회·심리적 문제를 거론하고자 한다.

우선, 다음의 상담자와 뇌성마비 여성의 대화를 생각해 보자.(이하, 상담을 받으러 온 사람 → 클라이언트를 'C'로 표시하고, 상담자

혹은 연구자를 'W'로 표시한다.)

C - 나는 29세이지만, 요즈음 들어 내가 여자라고 자각하기 시
작했습니다. 이런 마음이 들기 시작했다는 사실이 두렵습
니다.

W - 대체 무엇이 두려움을 느끼게 하는 것일까요?

C - 지금까지 스스로 사교라는 것을 전혀 할 수 없다고 믿고 있
었기 때문에 전혀 노력을 하지 않았습니다. 지금까지 한 번
도 데이트를 한 적이 없습니다. 그런데 한 달 전에 갑자기
일만 열심히 하는 게 아니고, 인간에게 다른 생활의 즐거
움이 있다고 생각하게 된 것입니다. 그후, 독신자가 모이
는 장소를 알아내어, 지난 주 토요일에 용기를 내어 댄스파
티에 갔습니다. 놀란 것은 매우 친근하게 대해 주는 사람이
많았고 두 남성이 얘기를 걸어 온 것입니다. 그런데 도중에
갑자기 두려워져서 도망치듯이 그곳을 나와 버렸습니다.
마치 10대가 처음 댄스파티에 간 기분과 같은 게 아니었나
생각하고 있습니다. 후에 생각해 보니, 도대체 나는 29년
간 무엇을 하고 있었나 하는 생각이 드는 것이었습니다.

1) 사회의 부정적 견해와의 상호작용

이 29세의 뇌성마비 장애인 여성이 도대체 자기는 29년간 무엇을 하고 있었나라는 말은 의미깊은 말이고, 그 이면에는 많은 뇌성마비 장애인들이 가진 문제가 숨겨져 있다고 본다. 어느 사회에서든 개인 및 사회의 성 시나리오가 있음을 앞 장에서 서술했다. 미국사회에서 성의 가장 바람직한 대상자는 젊고, 아름답고, 우아한 사람이라고 되어 있다.

뇌성마비 장애인, 특히 장애가 한눈에 보이는 사람들은 사회의 바람직한 성적 모델에서 상당히 벗어나 있다고 평가되고 심지어 무성이라던가 중성으로 취급되기도 한다. 따라서 뇌성마비 장애인들은 성에 흥미를 보이거나 성적 인간으로서 자신을 남 앞에 내보여서는 안 되는 것처럼 생각한다.

앞의 여성의 예도, 자신이 여성이라는 자각을 29세가 되기 전까지는 전혀 할 수가 없었다는 것은 성의 억압을 받고 있었기 때문이다. 이와 같은 사회적 성의 억압이 어떻게 개개의 장애인에게 심리적 영향을 줄까, 그 과정을 생각해 볼 필요가 있다고 본다. 뇌성마비 장애인에 대한 사회 전체의 부정적 시각또는 무시하는 태도, 특히 장애인이 무성 또는 중성 인간이라고 간주하는 태도와 행동, 가치관이 가족에게도 큰 영향을 미치고 있는 것을 알 수 있다.

뇌성마비 장애인에 대한 사회의 부정적 태도가 그 가족에게도 무성 인간이라고 하는 이미지를 계속 보내고 있다. 그 결과, 가족 특히 부모는 장애를 가진 아이에게 처음부터 비장애아에게 대하는 것과 다른 태도나 행동을 가지게 된다. 이와 같은 이미지를 계속 받은 뇌성마비인 자신도, 결국은 자신은 비장애아에게 뒤떨어지는 자이고, 자신의 성적 욕구를 밖으로 표출해선 안된다고 느끼게 된다. 그것이 내면화 과정이고 그 사람의 개성의 일부가 되고, 자신이 추한 불능자이고 사회적으로 부적합한 인간이란 이미지를 내면적으로 조성해 가는 것이다.

결국, 외부에서 강요받은 장애의 이미지와 내부로부터 억눌린 장애의 이미지가 전체의 장애 이미지가 된다. 이 때문에 사회적·성적 기회가 장애인에게 주어져도 자신의 내면적 문제 때문에 그 기회를 충분히 이용할 수 없는 결과가 되는 셈이다. 앞 예의 뇌성마비 여성이 남성이 말을 걸어 오자 두려워서 도망했다는 것은 그 일례이다.

C - 내 생활에는 전혀 사교생활이 없는 듯한 느낌이 들어 사람에게 가까이 접근할 수 없습니다.

W - 당신의 장애가 어떻게 이 문제에 영향을 미치는지에 대해 들려주십시오.

C.1 - 내 장애 말입니까? 정직하게 말해서 모르겠습니다. 그것에 대해 생각한 적이 없습니다.

C.2 - 전혀 가망이 없습니다. 비장애인 중에 아름다운 여성도 많은데, 나 같은 장애인을 누가 선택하겠습니까?

W - 마치 당신이 갖고 있는 유일한 것은 장애라고 하는 것으로 들리는군요.

C.2 - 별 말씀을, 남이 처음에 나의 무엇을 본다고 생각하십니까? 나의 장애는 나 자신입니다.

이 예는 두 남녀의 다른 경험이지만, 한 사람이 가진 같은 경험이라 해도 과언이 아니다. 보통 뇌성마비 장애인들이 자신들의 장애로 인해 사교와 성생활을 수행하는 역할에 대해 종종 모순된 두 개의 양면적 감정을 갖고 있기 때문이다. 어떤 때에는 장애를 완전히 포용하고 있는 듯이 느끼고, 다른 경우는 완전히 무시를 하고 있는 것같이 느끼기 때문이다.

그러나 이것은 쌍방 모두 하나의 문제가 이면화되어 있고 이것은 뇌성마비라는 사실을 현실적으로 자기의식 속뿐 아니라 자신의 일상생활에의 통합에 실패하고 있기 때문이라고 본다.

많은 요소가 통합에 실패로 움직이고 있다. 종종 듣는 것으로 뇌성마비인 자신이 뇌성마비 자체와 그 신체적 영향에 대한 기초적 지식이 결여되어 있는 경우가 있다. 이것은 가족이 뇌성마비 자녀를 가진 불안과 어린아이의 감정을 보호하려고 하는 동기로, 가정 내에서 암암리에 뇌성마비라 하는 장애를 부정하는 태도를 취하거나, 표면으로는 부정하지 않지만 자유로이 이야기를 하지 않는다.

그와 같은 환경에서 자란 아이 자신도 자기의 장애에 대해서 적극적으로 이해하려는 노력을 하지 않게 되고, 장애란 나쁜 것, 너무 이야기해서는 안 되는 것이라는 생각을 깊이 갖게 된다.

보통 부모에게 있어서 어린이는 자신의 미래의 꿈과 희망을 실은 존재이다. 그러나 보통 아이처럼 성장할 수 없는 장애아를 가진 부모는 자신의 자아 및 자기의 이미지에 대한 충격을 받는 일도 된다. 부모 자신과 어린이 쌍방에 대한 정신적 손상이라 말할 수 있을 것이다.

이 부모가 가진 아픔이 어떤 때는 불완전한 어린이의 장애를 부정하는 형태로 나타나고, 또 슬픔이란 연민이 되기도 하고, 부부 사이에서 배우자에 대한 책임 전가가 되거나 어떤 경우엔 죄의식이라는 감정으로 바뀌게 된다. 그것이 어린이에 대한 과보호가 되고, 어린이가 부모에 대해 완전 의존형이 되어 나타나기도 한다.

현실적으로 뇌성마비 장애아에게 장래 무엇을 기대할 수 있을 것인가 하는 것을 이해할 수도 단정지을 수도 없다. 따라서 아무리 마음이 아파도 달성할 수 없는 희망만은 갖고 싶지 않다는 것이 부모의 생각일 수 있다.

어린이가 자기의 신체에 흥미를 나타내고 탐구를 시작하면, 부모는 어린아이가 상처입는 것은 아닌가, 또 장래 이성과 성행위를 할 가망이 없는데 쾌감을 배울 필요가 없다고 금지시킨다.

앞의 대화에서 어떤 뇌성마비 남녀의 장애에 대한 완전 부정과 완전 불능이라는 태도는 현실을 반영하고 있지 않다. 현실적으로 뇌성마비 장애가 그 사람의 사회적, 성적 생활에 어느 정도 영향을 주고 있는 것은 사실이다. 그러나 그렇다고 해서 자신이 완전 불능이라고 절망할 필요는 전혀 없다.

완전 부정과 완전 불능의 양극단적인 관념은 어느 쪽도 현실 생활에 적합하지 않은 태도라 말할 수 있다. 장애인이 자신의 장애를 부정하고 있는 경우, 장애에 강한 혐오를 갖고 있는 사람과 만났을 경우, 또 장애인이 처리하기엔 곤란한 사회적 상황에 부딪힌 경우, 장애인에게 적합하지 않은 성 활동을 강요당한 상황에 부딪힌 경우는 평소에 전혀 마음의 준비가 없었기 때문에 그것에 잘 대처하기 어렵다.

한편, 자신의 장애를 완전 불능으로 보는 경우 주위로부터 능동적인 사회적 신호가 보내져 와도 그것을 전혀 기대하지 않으므로 그것에 적당한 반응을 나타내는 일 없이 끝나고, 좋은 결과를 얻을 수 있는 경험도 회피해 버리는 결과가 된다. 신호를 잘못 읽어서 결과적으로 자신이 원하지 않은 상태에 급속히 빠져 들어갈 위험도 있다.

인간은 성에 대해서 어릴 때부터 조금씩 여러 방법으로 배워 나가는 것이다. 보고, 듣고, 권하고, 친구와 놀고, 연애를 하고, 살짝 에로에 관한 책을 읽거나 하는 방법이다. 예를 들면, 5-6세 경에 경험한 의사놀이도 그 일례이다. 이 놀이는 일본 어린이만 하는 것이 아니고, 미국 어린이도 하는 한, 문화권을 넘어선 성 유희의 하나이다.

뇌성마비 장애아는 운동기능장애에 의해 이처럼 배울 기회가 한정되어 있다. 게다가 주위 사람들에 의해 성적 정보의 취득이 항상 제한받고 있다. 자유로운 보행이 곤란하고 휠체어를 필요로 하는 경우는 어린이가 경험하는 세계도 현저히 한정되고, 무슨 일이든지 부모 또는 타인에게 의존하지 않으면 안되는 상태에 있는 것이다.

성에 관한 지식도 부모에게 의뢰하지 않으면 안되지만, 현실로는 부모는 성에 관해서 비장애아에게도 자유롭게 이야기하지 않는 것이 보통이다. 그렇기 때문에 뇌성마비 장애아가 성에 전혀 관심을 갖지 않는 것이 일반적이지 않을까. 더욱이 장애아를 가질 경우 단순히 어린이의 보행문제, 교육문제, 정서문제가 아니고 가정의 경제상태, 가족관계, 사람과의 교제 등 한없이 문제가 발생하게 된다.

그 결과, 뇌성마비 장애아는 성에 관한 지식도 경험도 전혀 없이 자란다. 이 같은 환경에서 자란 뇌성마비 장애인들은 자신이 '취득'할 수 없는 것에 대해서 신비적인 감정을 품게 된다고 한다.

W - 내가 당신을 여성이라고 말할 때마다 당신이 뛰어오를 것
　　같은 반응을 하는 것을 알고 있습니까?

C - 지당한 말씀, 이 얘기를 들을 때마다 뜨끔했습니다. 자신과
　　전혀 관계가 없는 세계로 갑자기 끌려들어 가는 느낌입니
　　다. 아마 나에게도 머릿속에는 여자란 어떤 것일까라는 이
　　미지가 있다고 생각하지만, 그건 나 자신이 아닌 것만은 확
　　실합니다.

　이 뇌성마비 장애 여성은 성의 신비감을 강하게 갖고 있다.
더욱이 이 여성이 가진 성에 대한 이미지는 비장애인의 성으로
젊고, 아름답고, 용모단정한 사회적으로도 바람직한 남성에게
요구받은 후, 결국 남성 상위의 정상위로 성교를 하고 쾌감을
경험한다고 하는 이미지이다.

　자신이 가진 이상과 현실의 자기 모습과의 차이가 너무 크기
때문에, 그 간격을 메울 수가 없어 괴롭다고 할 수 있다. 물론,
이 사람의 이상적인 상은 현실적으로는 없다. 그러나 취득불가
능하다고 마음먹은 결과에 의해, 이 같은 비현실적인 이미지를

마음에 가지게 된 것이다.

　신체장애인에게 있어 가장 어려운 것은 이 성에 대한 신비감과 비현실감을 깨뜨리고, 더욱 현실적인 사고를 성장시켜 나가는 것이다. 한번 데이트하거나 또는 성교섭을 가지면 급속히 비현실적인 마음의 벽이 허물어진다. 성이란 생각하고 있던 만큼 멀리 있는 것이 아닌 가깝고, 당연한 것이라는 감정을 가지게 되는 것이다.

　따라서 성을 자신과는 관계 없는 신비한 세계에 속하는 것이라 생각하고 있는 장애인에게 보내야 할 이미지는 인간이라면 누구라도 잠재적으로 성적이고, 누구라도 성적 표현을 할 수 있는 가능성을 갖고 있다는 인식을 하게 하는 것이다. 그리고 성에는 좋고 나쁘고, 정식과 비정식, 공인과 비공인이라는 것이 아닌 개인이 자기에게 적합한 성적 표현과 스타일을 발견해야 한다는 것이다.

뇌성마비 장애아 부모나 어린이와 접촉하는 교사, 직원은 장애아의 성교육에 대한 공포를 뛰어넘어 어린이를 잠재적으로 성적 인간이라고 인식하고 책임을 가지고 성교육을 진행해 갈 필요가 있다.

현실적으로, 뇌성마비 장애아가 성 일반에 관해서, 또 자신의 성에 대해서 무지한 경우에 다른 사람으로부터의 거부라던가 학대의 희생자가 될 위험이 많을 수 있다. '위험 신호'를 포함, 그밖의 사회적 신호를 잘못 읽든지, 스스로 남에게 오해받을 수 있는 신호를 보내기 때문이다. 또, 학대받는 것을 유일한 방법으로 받아들여, 스스로 깊은 상처를 받는 것도 생각할 수 있다. 무지가 사회적 평가능력을 한정시키고 다른 선택 방법을 허용하지 않기 때문이다.

2) 뇌성마비 장애인의 자기 신체상

인간은 누구나 자신의 신체에 대한 이미지를 갖고 있다. 자기의 얼굴이 아름답다, 또는 못생겼다, 가슴이 너무 작다, 너무 크다, 내심 은근히 자만하거나 불안하게 생각하거나 한다.

이 자기 신체상에서 중요한 사항은 자신의 지각과 현실이 반드시 일치하고 있지 않은 것이다. 스스로 못생겼다고 생각하고 있어도 현실적으로는 괴로워하지 않는 일이 종종 있다. 그런데 문제는 이 같은 왜곡된 자기평가가 그 사람의 사회적 기능, 특히 대인관계의 기능에 중대한 영향을 주고 있는 일이 종종 있다는 것이다.

보통 누구나가 은밀히 갖고 있는 자신의 신체의 일부에 대한 부정적 시선도 태어날 때부터 장애가 있는 뇌성마비 장애인들에겐 보통보다 더 심각한 문제가 되기 쉽다. 따라서 뇌성마비 장애인들이 모이면 자기의 왜곡된 자기 신체상에 대해 서로 이야기가 되는 일이 자주 있다. 자기 얼굴의 '일그러짐'이 없다면 자기 자신을 받아들일 수 있다거나, 자기 얼굴을 거울에서 보면 구경거리가 되는 사람처럼 생각되거나, 자기 목소리가 정말로 혐오스럽게 느껴진다고 하는 이야기가 나온다.

자기의 신체상은 그 사람의 성 표현에 있어서 중요한 요소가 된다. 자신의 신체에 대한 자신감과 여유로움을 가지고 있는 경우는 성적 표현도 쉽게 할 수 있다. 뇌성마비 장애인들에게 있어 자기의 균형이 잡히지 않은 신체, 계속 마음대로 움직일 수 없는 수족, 얼굴의 일그러짐, 기형 등이 사회가 평가하는 인간의 미와 너무 차이가 있으므로 이 같은 신체부분과 움직임이 자기혐오감의 원인이 된다.

이 자기 신체상은 여성이 남성보다 더 한층 심각한 고민거리가 된다. 여성미가 아무래도 외모에 의해 평가되고, 그 외모에 의해 여성의 성적 가치가 판단되기 쉽기 때문이다. 남성의 경우는 단순히 용모만이 아니고, 그 사람의 직업, 수입, 재산, 사회적 지위 등의 요소가 남성미의 평가에 포함되어 여성만큼 심각한 문제가 되지 않는 것으로 본다.

여기에서 중요한 것은 자기 신체상의 혐오란, 자신이 그 주위에서 배운 환경에 대한 반응이다. 어릴 때부터 주위에서 자기의 신체에 대해 부정적 메시지를 받고 배웠다면, 그 결과 장애인 중에는 장애란 표면에 나오는 것이 아니고, 가능한한 숨기는 것, 또 조정하는 것이라고 믿는 사람이 많다. 어떤 때는 이것을 내면화하고 장애가 있는 것은 자신의 책임이라 생각하기도 하고, 여러 가지 자기방어의 방법을 배우기도 한다.

예를 들면, 자기가 너무 흥분하지 않도록 노력하고, 신체의 떨림을 방지하거나, 남의 눈에 띄기 쉬운 얼굴을 드러내지 않도록 사람과의 이야기를 최소한으로 한정하거나 한다. 그러나 이처럼 장애를 감추는 노력은 대단한 양의 에너지를 사용하게 되고 또 자기비하를 계속하고 있는 것이므로 타인과의 자발적 교류의 가능성을 방해하게 된다. 타인과 사교적, 또는 성적인 교류를 하려면 자기 자신이 자유롭고 개방적이지 않으면 안 된다. 자신의 있는 그대로의 신체를 감추는 것은 남과 친밀한 관계를 만드는데 곤란하다고 생각한다.

이 같은 자기혐오의 감정을 개선하고, 성인으로서의 자신감을 기르려면 시간과 어려운 과정을 감수해야 하고 집중적 상담을 필요로 한다. 그러나 이 과정을 지나고 나면, 뇌성마비 장애인은 자신이 품고 있는 장애에 대한 감정과 신체적 실정을 명확히 분리할 수 있고, 자신의 장애를 자연적으로 수용하게 되고, 실정에 맞게 보다 현실적으로 발전할 수 있게 된다.

3) 성교 관계

뇌성마비 장애인이 자신의 성을 자각한 때에 문제가 되는 것은 자신이 연령적으로는 이미 성인이어도 사회적으로는 어린아이거나 10대라고 하는 것이다. 문제는, 그 간격을 어떻게 메우느냐에 있다. 또, 뇌성마비 장애인들에게 종종 결여되어 있는 것은 사교적 인간관계를 만드는 기초적 능력에 있다. 예를 들면, 어떻게 해서 남과 만나는가, 어떠한 사람과 교제하는가, 도대체 어떻게 이야기를 시작하면 좋을까, 또 어떠한 관계를 가지면 좋을까 등이다.

사교적 기능은 누구나가 장기간에 걸쳐 배운다. 뇌성마비 장애아의 사교생활은 대체로 10대가 되면 중단되기 때문에 성인이 되어 그 사교성의 결여가 명확하게 표출되는 것이다. 자신의 신체에 대한 불신과 불안, 성은 자신과 관계가 없는 것이라고 하는 미묘한 메시지를 같은 연령의 비장애인으로부터 받고, 결국은 사교장에서 거부되고, 사회적으로 고립된다. 그 결과 사교의 기회가 없어지고 그 기능도 배울 수가 없게 되어 버린다.

같은 장애를 가진 사람과 함께 장애아학급에 통학하는 것은 사교성 발전에 도움이 되지만, 비장애인이 주류인 사회에서 활동하는 것과는 너무나도 큰 간격이 있는 것이다. 한편, 보통학급에 통학하고 있는 경우에는 장애인이 소수이므로 고립되는 두려움과 또 이상이란 것을 더 확실히 수용하는 것도 생각할 수 있다.

뇌성마비 장애인이 사교를 경험할 경우 몇 개의 과제가 생긴다. 그 첫째가 신체장애인을 상대로 선택할까, 또는 비장애인을 선택할까라는 갈등이다. 이것이 종종 불균형의 원인이 되기도 한다. 그러나 이것은 어느 쪽이 옳다, 옳지 않다라는 과제가 아니고 본인이 결정할 일이라고 생각한다.

남과 교제할 경우 문제되는 것은 자신의 장애를 어떻게 설명할까, 또 어떻게 남에게 도움을 청하고, 어떻게 그것을 받아들일까라는 것이 중요한 과제가 되는 것이다. 어떤 장애인은 자신의 장애에 대해, 세상 사람을 교육할 필요가 없다고 생각하고 있지만, 현실적으로 필요한 정보를 상대에게 주는 것은 교우관계를 개선하는 데 절대적으로 필요한 요소라고 생각한다.

이 '독립'과 '의존'이라는 양극단의 균형을 생활 속에서 지켜나가기 위해서는 언제나 마음의 갈등을 경험하게 된다. 그러나 인간은 누구나 타인에게 의존하고 싶다는 의뢰심과 독립하고 싶다는 독립심의 이 두 가지 요인이 계속 균형을 지키도록 노력하고 있는 것으로, 이것은 인간공통 생활상의 과제라고 생각한다.

뇌성마비 장애인들도 당연히 같은 문제를 안고 있지만, 장애 때문에 타인에게 의존해야 하는 필요성이 비장애인보다 크다고 볼 수 있다. 또 만약 장애인이 사교적 경험과 기능이 미숙한 경우에는 그 의존도가 더욱 클 수밖에 없을 것이다.

2. 척수장애인의 성 문제

다음은 척수장애인으로, 휠체어를 사용하는 34세의 남성과 상담자와의 대화이다.

W – 앞으로의 성생활을 어떻게 하면 좋을지 생각한 적이 있으십니까? 뭐든지 얘기하고 싶은 것이 있으면 말씀하세요.
C – (조금 화가나서) 나의 성생활이 도대체 어떻게 될지 조금은

생각한 적이 있지만, 생각만으로는 아무래도 안되겠지요. 특히, 가슴부터 아래부분의 감각이 없어져 버렸으니, 성생활 따위는 완전히 끝이 나고, 남자로서 전혀 기능이 없어져 버렸고요.

W – 남자로서 기능이 없어졌다고 하는 감정을 좀 더 얘기해 주세요.

C – 요컨대, 남자의 심볼이 전혀 생각대로 되지 않고, 감각도 없고 전혀 사용할 수 없으니까 성생활 따위는 끝이지요. 혹시, 이 신체를 원래대로 되돌릴 약이라도 있는 겁니까?

현재 미국의 신체장애인의 수는 약 1,100만 명으로 추정되며, 그 중의 약 10만명이 척수장애인이라는 통계가 있다. 베트남전쟁 결과, 또 자동차 등의 사고에 의해 갑자기 척수장애인이 된 사람이 대부분이다. 이 장애는 연령에 관계없이 발생하는 것이 특징이지만, 청소년층에 많고, 더구나 그 70%는 남성인 것이 특징이다.

갑자기 일어난 사고로 척수 손상을 입은 경우, 그 장애가 그 사람의 '전 인격'에 무서운 충격을 주는 일은 상상이 갈 것이다. 지금까지 걷거나, 자유롭게 활동하고 있던 사람이 한순간에 척수 손상으로 가슴부터 허리 아래 쪽의 감각을 잃고 혼자서는 움직일 수 없는 상태에 빠지는 것이다.

옛날과 비교해서 미국 사회에서 척수장애인 수가 증가하고 있다는 것은 반드시 사고가 많아져서가 아니다. 의학이 놀라운 발전을 이루었기 때문에 생명을 건질 수 없었던 사람들의 구명이 가능해진 것이다. 또 재활치료법으로 이러한 사람들의 사회복귀가 가능해졌기 때문이다.

장애인의 재활치료와 함께 단순히 신체, 생리적 문제만이 아니고 장애가 초래하는 성기능, 사회 · 심리적 영향의 연구가 활발히 진행되어 왔다. 그 연구의 초점이 되는 개념은 장애인의 성 기능, 자기개념, 또는 자기가치관, 주체성과 사회적 역할, 자기 신체상 결혼 및 가족관계 등이다. 우선 척수 손상을 입은 사람이 어떠한 심리적 과정을 통해 자신의 장애에 대처하는가를 생각해 보자.

처음 심리적 반응은 자신의 변화에 대한 거부이다. 이것은 너무 충격이 심하므로 인간의 마음이 현실의 거부라고 하는 메카니즘을 이용해, 그 충격에 대처하고 있는 것이다. 그러나 자기의 다리 감각이 되돌아오지 않고, 몸 움직임이 불가능한 현실을 직면하면서 서서히 현실수용이란 방향으로 마음이 움직여 간다. 이때, 장애인이 한결같이 경험하는 것은 우울상태에 빠지는 것이고, 자신의 것을 잃은 것에 대한 향수, 장래에 대한 절망감, 그리고 왜 하필이면 자신이냐라고 하는 회한 등의 뒤섞인 감정이 교차한다.

장애인의 우울상태는 그 사람이 현실을 수용하기 시작한 반응이고, 또 장애에 의한 자기평가의 저하에 대한 결과라고 생각된다. 이 자기평가의 저하는 자신이 불능자, 반인간이 된 것, 단순히 보행할 수 없게 된 것만이 아니다. 성적 기능도 잃고, 배변, 배뇨의 자립능력도 없어지고, 마치 유아와 같은 상태로 되돌아가 버린 자신의 처지 때문인 것이다.

따라서 척수장애인의 재활치료의 목적은 장애인의 자주성을 회복시키는 데 있다. 보행할 수 없다면 그것을 대신할 수 있는, 스스로 휠체어를 조종할 수 있도록 하는 것, 배변, 배뇨처리, 식사 외의 가사도 독립할 수 있도록 하는 등 장애인의 전 생활의 회복을 위해 돕는 것이다.

　　장애인의 우울상태도 시간이 지남에 따라 현실의 수용과 새로운 생활기능의 습득과 함께 회복되어 생활의 희망도 가지게 되는 것이다. 한때, 저하된 자기평가도 자주성의 회복과 함께 개선되는 것을 기대할 수 있다. 장애인의 자주성과 자기평가 개선에 성적 기능의 개선이 큰 역할을 수행하고 있는 것도 생각할 수 있다.

　　여기에서, 척수장애인이 직면한 성적 기능 문제를 서술하기로 하겠다. 척수장애인의 생리적 성 반응을 앞에서 서술한 카플랜 (Kaplan)의 성 생리 2단계 반응의 구조에 맞추어 생각해 보겠다.

1) 남성의 발기기능

먼저 척수장애인의 음경발기 기능에 대해 고찰해 보자. 남성의 음경발기 기능에는 2종류의 유형이 있다. 그 하나는 반사성이라 불리는 것으로, 이것은 성기에 직접 물리적 자극이 가해진 경우에 발기하는 형을 말한다. 두 번째 발기형은 심리성이라 부른다.

반사성 발기 기능만이 남아 있는 장애인은 성기에 직접 자극을 받지 않는 한, 에로틱한 상상이나 사고만으로는 발기가 일어나지 않는다. 심리성 발기는 직접 물리적 자극이나 또는 상상력 등 어느 쪽이나 관계없이 발기가 가능한 사람을 가르킨다. 보통 비장애인은 후자인 심리성 발기 기능을 갖고 있다.

많은 조사에 의하면, 척수장애인 남자의 48%에서 90% 정도의 사람이 발기 능력을 가진다고 보고되고 있다. 그러나 이러한 숫자의 신뢰성은 그다지 높은 것이라 말할 수 없다. 그 이유인 조사상의 결함은 후에 서술하기로 하겠지만, 이 숫자를 그대로 받아들이지 않아야 한다. 조사에서 나온 결과를 보면, 장애가 척수의 상부에 있는 쪽이 하부보다도 발기 기능을 유지하고 있는 비율이 높은 것으로 나타나 있다.

예를 들면, 척수 완전 절단자의 조사결과, 경추장애(C.1-8)인은 100%가 발기 기능을 유지하고 척수장애(T.7-12)와 요추장애인은 발기 기능이 전혀 되지 않는 것으로 보고되어 있다. 그런데 불안전 절단자의 조사를 보면 그 결과도 갖가지이다. 이것도 불완전 절단이라는 개념이 명확치 않기 때문이다. 그러나 일반적으로 말해서, 불완전 절단쪽이 완전 절단자보다 발기기능이 높은 비율을 나타내고 있는 것은 사실이다. 반사성 발기와 심리성 발기의 구별을 한 연구에 의하면, 불완전 절단쪽이 완전 절단자보다도 심리성 발기의 비율이 높다고 보고되어 있다.

왜, 이같이 다양하면서도 신뢰성이 높지 않은 조사 결과가 나온 것일까? 그건 한마디로 말하면, 조사방법에 결함이 있기 때문이다. 대부분의 조사가 피험자의 연령, 장애기간, 외과수술의 유무, 본인의 건강상태, 약물사용의 유무, 장애 전의 성활동 유무 등으로 발기 기능에 밀접한 관계가 있는 변수의 통계적 조절이 잘 되어있지 않은 것을 우선 생각할 수 있다. 더욱이 조사가 피험자 자신이 보고하는 자료에 의존하고 있는 일도 있다. 이 같은 자료의 신뢰성은 그다지 높지 않다고 말할 수 있다.

척수장애의 성 생리의 본 줄거리에서 조금 벗어나는 것 같지만, 남자의 발기 기능과 병 등의 상태장애와의 관련에 대해 조금 더 서술하겠다. 예를 들면, 사람들이 우울상태가 되거나 스트레스가 많은 경우는 성 기능 전체가 감퇴되어 발기 기능에 영향을 준다.

이 같은 정서문제가 어떠한 메카니즘으로 성 기능을 억제하는지 잘 모르고 있는 것 같다. 어떤 연구자는 심인성이라 생각하고, 또다른 연구자는 우울상태, 스트레스 등이 중추신경과 신경전달 조직에 어느 정도의 영향을 주어 남성 호르몬 분비를 저하시키기 때문이라고 설명한다.

후자의 생각은 최근 조사결과에서만 보아도 옳은 것 같다. 예를 들면, 계속 만성적으로 스트레스를 경험하고 있는 사람의 혈액 테스토스테론(남성 호르몬의 일종) 정도가 저하하고, 스트레스가 사라지면 급속히 이 양이 보통 상태로 돌아온다고 보고되고 있다. 보통 사람도 병이 있거나 통증이 있는 경우는 성적 흥미가 감퇴하는 법이다.

더욱이 어떤 특정의 병은 직접적으로 성욕, 성 기능에 장애를 주는 것을 볼 수 있다. 그 예로서 간염, 신장병을 들 수 있다. 이것도 이러한 병이 신진대사기능과 에스트로겐(여성발정호르몬)의 해독작용과 배설에 손상을 주어 성욕 감퇴의 원인이 된다. 간염은 식욕과 성욕 감퇴가 병 상태를 나타내는 과민한 징후라고 되어 있다.

또, 당뇨병은 남성의 발기 기능에 영향을 주는 것으로 유명하다. 당뇨병의 다른 징후가 나오기 전에, 자주 발기기능장애가 나타나기도 한다. 마찬가지로 다발성경화증도 발기 불능, 또는 사정 불능이 일어난다고 보고되어 있다.

질병, 수술, 약물 등으로 성 호르몬(남성 발정 호르몬)의 양을 감퇴시키는 것은 남녀의 성욕을 감퇴시키고, 남성의 발기 기능에 영향을 준다. 또, 성 반응은 혈관의 충혈작용과 근육수축작용에 의하므로, 혈관계통의 질병은 그 반응에 손상을 주기도 한다. 예를 들면, 고혈압인 경우, 직접적으로 발기 기능에 영향을 주지 않지만, 고혈압 때문에 사용하는 약물이 신경혈관의 반사기능을 손상시키고 환자의 발기 기능을 해친다.

2) 사정 능력과 오르가즘

척수장애인 남성의 사정 기능과 오르가즘에 관한 조사 자료는 많다. 그러나 발기기능에 관한 조사와 마찬가지로 조사방법에 결함이 있고, 그 결론의 신뢰성은 아주 의심스럽다고 말할 수 있다. 따라서 이러한 조사결과에서 추측되는 것은 완전 절단의 경우는 0-7%, 불완전 절단의 경우는 27-32%의 사람이 사정기능을 유지하고 있다.

또, 사정 기능과 손상의 위치와의 관련성을 보면, 자료에서 추측되는 것은 하부신경계장애, 척수장애 쪽이 상부장애보다 비율이 높은 것을 알 수 있다. 그런데 여기에서 강조해야 할 것은 척수장애인이라도 전기에 의한 자극이나, 프로스티그민 주사나 전기진동안마기의 사용에 의한 사정이 가능하다고 보고되고 있는 것이다.

척수장애 남성의 오르가즘 유무 조사를 보면, 이것도 조사방법에 결함을 갖고 있다. 오르가즘은 단순히 물리적, 생리적 현상이 아니고, 심리적, 사회적 요소가 많이 작용하고 있기 때문이다. 게다가, 오르가즘에는 주관이 포함되어 있기 때문이다. 그래서 오르가즘을 어떻게 정의하고 계량화하는 것이 좋은가라는 문제가 크게 대두된다.

그러나 추정해 보면 대체로 2-16% 정도의 사람들이 오르가즘을 경험할 수 있다고 한다. 이 경우, 보통 비장애인이 경험하는 것과 똑같은 오르가즘과 더불어 그것에 가까운 경험도 숫자에 포함되어 있다. 예를 들면, 오랫동안 음경에 자극을 주면 어떤 장애인은 따뜻한 느낌이 든다, 심한 근육의 경련이 일어났다, 신체에 쾌감을 느꼈다, 성적 흥분을 느꼈다. 두통이 일어났다 등의 보고가 있다.

또다른 조사에 의하면, 성기가 아닌 다른 성적 감각이 있는 곳, 예를 들면, 유두라던가 등 한가운데에 자극을 주면 성적 흥분을 느낀다고 보고되어 있다. 특이한 것은 많은 장애인들이 장애를 입기 전에는 전혀 성적 감각이 있다고 생각하지 않았던 곳에 성적 감각이 있다는 것을 새롭게 알게 되었다고 말한다.

또, 장애를 입기 전에 오르가즘을 경험한 사람들은 뇌감각으로 남아있는 것을 생각할 수 있으므로, 장애 후에 오르가즘에 가까운 감각 또는 흥분을 경험하는 일의 가능성이 높다고 생각할 수 있다. 척수장애인이 성교를 시도해 어쨌든 성공했다고 보고된 조사가 몇가지 있다. 이 경우, 잠시 동안이라도 어느 정도의 발기가 가능해 성교를 시도한 숫자는 8%에서 많이는 82%라고 보고되어 있다. 실제로 '성공'한 것은 피험자의 5-56%나 된다.

이 같은 조사에서 척수장애인의 성교의 동기를 조사해 보니, 대개가 자신의 성적 욕구보다 다른 요인이 중요한 위치를 차지하고 있는 것이 뚜렷이 나와 있다. 그 일례로 자기의 성적 욕구보다 상대방의 성적 욕구를 만족시키는 것을 들 수 있다. 여기에서, 척수장애인의 성교는 성교하느냐 안하느냐의 조건이 외적 조건에 의해 지배를 받고 있다는 것이다.

예를 들면, 협력적 상대가 없다 있다, 프라이버시의 유무, 자신의 성적 기능 능력의 평가능력 등을 들 수 있다. 이상과 같이 척수장애인의 성적 욕구와 성행위를 생각할 경우, 보통 비장애인에게 비추어 생각하는 생리적, 물리적 방향에서 생각하면 틀린 해석을 할 우려가 있다. 그러므로 성행위를 보다 넓은 사회·심리적 행위라고 생각할 필요가 있다고 생각된다.

3) 여성의 성적 기능

여기에서는 여성 척수장애인의 성적 기능을 고찰해 보겠다. 여성 신체장애인의 성적 조정은 남자와 비교해 더 쉽다고 일반적으로 생각하고 있다. 이것은 여성의 성기에는 남성처럼 발기 같은 장애가 없다는 것, 여성은 사회적으로 성행위시 수동적 태도를 기대하고 있다는 것이다. 더욱이 보통 여성들은 성에 대한 태도가 남성처럼 솔직하지 않고 친근감, 애정, 피부의 접촉을 보다 중요시하는 것 등을 들 수 있다. 또, 남성보다도 여성쪽이 대체로 집 안에 있고, 밖에서 일하지 않아도 그다지 심리적 저항이 없다는 것을 들 수 있다.

그러나 이러한 것은 어디까지나 추측이고, 실제로는 어떠한 성적 조정을 여성이 필요로 하는가에 대한 이해가 되지 않는다는 것이다. 왜냐하면, 척수장애는 남성이 압도적으로 많기 때문에 아무래도 조사연구의 대상이 남성이고, 여성쪽의 연구가 2차적으로 되어 있다. 앞으로 여성 척수장애인의 성적 욕구에 대한 연구가 이루어지면 무엇인가 새로운 정보가 나올 것으로 기대된다.

지금까지의 조사에서도 그 중심이 되어 있는 것은 월경, 임신, 출산이란 사항이 대부분이었다. 그것들을 가지고 성에 대한 정보를 정리하면, 여성의 성생활을 다음과 같이 말할 수 있다.

척수장애 여성이 임신한 경우에 요도감염, 조산, 욕창, 빈혈 등의 위험 증대가 있어도, 보통 질로부터 출산이 가능하다고 한다. 더욱이 호르몬의 상태가 나쁘지 않았고, 장애 전에 월경이 있었던 여성은 장애 후, 수개월이 지나 잠시 정지한 월경도 다시 시작되고 초경 전에 장애가 있었던 여성도 비장애인과 마찬가지로 월경이 있다고 보고되어 있다.

척수장애 여성의 성적 생리 반응은 그다지 상세히 보고되어 있지 않다. 그러나 음핵, 소음순, 대음순의 충혈, 질내의 축축함은 부교감신경의 전달이 척수 S.2-4의 세포에서 시작된다고 생각하고 있으므로 척수장애 여성도 질의 축축함은 가능하다고 추측된다.

여성의 오르가즘은 다음 두 단계에 의한 운동반응에 의해 일어난다고 생각하고 있다. 우선, 처음 단계에서는 하부 흉곽과 상부 요추의 척수부분에서 시작되는 교감신경 선유(線維)에 의해 시작되고, 이 단계에선 프로피안관 자궁과 스케네 요도측 선의 수축이 일어난다. 제2단계는 척수 S.2-4DML 세포체의 선에 의해 시작되고, 골반 밑의 횡교근, 항문, 요도, 질구에 의해 이루어진 괄약근의 수축에 의해 일어난다.

오르가즘은 이 같은 근육의 반응감각에 의해 어느 정도 느낀다고 생각하고 있지만, 척수장애인이 경험하는 오르가즘의 빈도는 현재 불명확하다. 완전 절단한 여성은 성교 중에 오르가즘은 경험할 수 없다고 한다. 그러나 어떤 여성은 유두를 자극하게 되면 성적 흥분을 느끼기도 하고, 또 오르가즘에 가까운 경험을 한다고 한다.

사람에 따라서는 성교를 하지 않아도 상상이나 꿈에서 오르가즘을 경험할 수 있다고 보고되고 있지만, 이 환상오르가즘은 빈도가 높은 것이라고는 생각할 수 없다. 현재, 미국에서 여성척수장애인의 사고 때의 평균 연령은 29세로, 50%가 15세부터 25세 사이에 장애를 입었다고 보고되어 있다. 그리고 편마비와 사지마비의 비율은 반반이라고 한다.

장애 전과 장애 후의 성생활 활동의 빈도를 조사한 결과 반수 가까운 사람이 빈도 감소라고 보고하고 있다. 장애 후 성생활 정지 이유는 여러 가지를 들 수 있지만, 특이한 것은 생리적 이유는 매우 적고 그것보다도 사회, 특히 대인관계의 문제가 큰 비율을 차지하고 있다는 것이다. 예를 들면, 상대를 찾을 수 없다는 것, 소변을 조절할 수 없으므로 부끄럽다는 것, 남성이 자신을 훼손물처럼 취급한다는 것 등이라고 보고되어 있다.

또, 척수장애여성의 이혼율을 보면 장애를 입기 전에 결혼한 사람과 장애 후에 결혼한 사람들의 이혼율은 거의 같다. 그러나 장애 후에는 결혼 상대를 찾는 것이 비장애인보다 훨씬 어렵다는 것을 상상할 수 있을 것이다.

불완전한 조사에서 추측되는 것으로, 여성의 성적 조정은 일반적으로 말해서, 남성보다 쉽다고 말할 수 있다. 그러나 여성의 경우는 적당한 상대가 발견되느냐 안되느냐가 가장 큰 문제이다. 이것은 노인여성에게도 마찬가지라고 말할 수 있다. 노후에 성생활을 즐기는 것도, 젊었을 때부터 성생활을 즐기고 있었고, 나이를 먹고 나서도 상대가 있다고 하는 조건이 가장 중요한 것처럼, 장애여성도 장애 전에 성생활을 즐기고 있었고, 또 장애 후에도 상대가 있는 사람들은 계속 성생활을 즐기는 것이 가능한 것 같다.

4) 사회적 문제

인간의 성행위는 단순히 물리적·생리적 행위가 아니고 미묘한 인간관계를 포함하는 사회적 행동이다. 실제적으로는 성생활

조정에 의한 인간관계 조성방법이 생리적 성생활보다 중요한 의미를 갖고 있는 셈이다. 따라서 척수장애인의 사회적 문제와 관련 없는 성은 말할 수 없다고 생각된다.

생활상의 불안감이 우리들의 성생활의 좋고 나쁨을 결정적으로 지배한다는 것은 결혼생활을 한 경험이 있는 사람이면 누구라도 동의할 것이다. 무엇인가 걱정되는 일이 있으면 일반적으로 성교를 능동적으로 하지 못하는 법이다.

어떤 척수장애 남성이 다음과 같은 이야기를 나에게 해주었다. 그가 사고 후 병원에 있을 때에 처음으로 걱정한 것은 도대체 자신이 걸을 수 있나 하는 것이었고, 그 다음에 생각한 것은 성 기능이 되느냐, 안 되느냐라는 것이었다고. 그 다음으로는 일에 관한 것, 앞으로의 생활방법 등이 차차 머리에 떠오른다고 했다.

전에 언급했지만, 보통 남성쪽이 척수장애를 입은 경우, 모든 점에서 여성보다 조정이 곤란하다고 생각된다. 특히, 자신의 자립성 유지 때문에 고민한다고 한다. 음경발기기능이 상실되고, 사정기능도 수정시킬 능력도 상실되고, 더욱이 성행위를 포함해 매일 생활에서 사회가 남성에게 기대하고 있는 경제적 활동, 스포츠 등의 능동적, 활동적, 사회적 역할을 수행하는 것이 곤란하게 되어 수동적 행동을 어쩔 수 없이 하게 된다. 특히, 척수장애를 입기 전에 머리를 사용하는 일보다 신체적인 일을 하던 사람은 그 변화의 폭이 심해서 보다 큰 어려움에 직면한다.

척수 손상을 입어 급성기를 벗어나면 재활치료가 큰 문제가 된다. 척수 손상에 의해 허리부터 아래에 감각이 없어지게 된다면 항문과 방광의 조절도 할 수 없게 된다. 이 때문에 재활치료의 중요한 과제로서 대소변의 자립이 문제가 된다.

척수 손상의 부위, 정도 등에 의해서도 다르지만, 재활치료의 효과가 충분치 않고, 대소변의 자립도 할 수 없는 사람은 어려움에 직면하게 된다. 이러한 사람에게는 방광에 가는 관을 항시 삽입해 두어 소변이 가는 관(카테펠)을 통해 장딴지에 설치된 자루에 담아두는 일 등의 아이디어가 필요하기도 하다.

더욱이 항문의 괄약근이 자율적으로 조정이 안되는 경우, 언제 대변을 볼지 모르는 사람도 생긴다. 이 때문에 밖에 나가는 것을 거부하는 사람도 있다. 또, 강한 성욕을 느껴도 음경은 발기하지 않고, 신체 하부의 경련이 매일같이 일어나고 때로는 다리의 경련이 양다리를 부자연스럽고 딱딱하게 교차시키기도 한다.

서는 것이나 걷는 것도 할 수 없는 휠체어 생활은 자신의 환경을 1미터 정도의 높이에서 보게 되고, 남과 이야기할 경우에는 계속 아래쪽에서 위쪽으로 머리를 들어 이야기하게 된다. 이같은 부자연스러운 상태는 종종 장애인의 성행위를 거부하는 원인이 되고 또 자기 신체로는 전혀 성행위는 불가능하다고 믿기 시작하게 된다.

5) 결혼과 가족관계

척수장애인의 성 문제를 생각할 경우 그 사람의 부부관계와 가족관계를 생각지 않으면 안 된다. 그것도, 부부 중 어느 한쪽이 장애를 입은 경우, 그 영향은 단순히 장애를 입은 본인에게 그치는 것이 아니기 때문이다. 특히, 척수장애는 사고 등으로 갑자기 생기는 것이기 때문에 적절히 대처하는 것이 어렵다.

게다가, 장애인의 재활치료에 전력을 집중해 배우자를 전혀 고려하지 않는 일이 종종 있다. 때론 배우자에게 어떤 일이 일어나고 있는지 모르는 경우도 있다. 이 같은 상황에 놓여진 배우자의 반응은 굉장히 복잡한 기분이 계속 교차하고 있는 것을 상상해 볼 수 있다.

남편 또는 아내가 장애를 입으면, 지금까지 두 사람의 관계를 연결하고 있던 사회적 역할, 가정 내에서의 역할 변화도 요구된다. 예를 들면, 가정 내에서 지금까지 아내가 전부 가사일을 하고 있었는데, 장애에 의해 할 수 없게 되면, 대체 누가 그것을 떠맡게 되는가의 문제이다. 또, 남편이 장애인이 되면 아내가 밖에 나가 일하면서, 가사까지 하지 않으면 안될 이중의 노동을 떠맡게 될지도 모른다.

따라서 장애인의 재활치료는 배우자 및 가족의 재활치료이고 조정이기도 하다. 이 상호관계 조정에는 성관계 조정이 중요한 의미를 가진다. 그런데 종종 배우자, 특히 장애인 남편을 가진 아내에게 요구되는 것은 오로지 용서와 인내와 헌신이라고 생각한다.

이 같은 사회적 기대를 수행하고 있는 사람은 당연한 것처럼 생각되고, 조금이라도 벗어나면 욕을 먹는다. 어느 양다리를 잃은 남편을 가진 아내가 자신의 참마음을 다음과 같이 표현했다.

"섹스 따위는 생각할 수 있는 것입니까? 정말이지 내 마음속은 화로 가득차 있습니다. 주위 사람들이 언제나 강조하는 것은 환자의 고충입니다. 나는 좋은 아내가 되려고 열심히 노력했습니다. 그러나 솔직히 말해서 나 자신은 사랑과 따뜻한 감정을 가질 수가 없었습니다. 그 때문에 어떤 때는 죄의식을 느끼고, 어떤 때는 열등감을 가지기도 했습니다."

위 이야기는 이와 같은 감정의 표현은 많은 사람이 한번 정도는 느끼는 진심이 아닐까? 문제는 배우자가 이 같은 감정을 표현할 기회를 주지 못하는 것과, 이 같은 배우자, 가족이 안고 있는 문제에 충분한 원조를 할 수 없는 일이다. 그 결과, 가정 내에서의 문제가 심해지고, 최악의 경우는 가정 붕괴나, 그렇지 않으면 부부관계에 필요 이상의 긴장을 초래하고 심하게 금이간 부부생활이 되는 법이다.

결혼생활이 길었던 부부일수록 장애가 그 관계에 주는 영향이 크다고 생각된다. 그 이유는 그들끼리 내재된 서로의 건강한 신체 이미지가 선명하고, 장애 전에 서로가 기대하고 있는 틀 속에 강하게 자리잡고 있는 것을 생각할 수 있기 때문이다. 가장 가까이 있는 사람이 신체에 손상을 입고 있다는 것은 그 배우자 자신 이미지까지도 범할 위험을 갖고 있다.

따라서 장애가 본인의 이미지에 손상을 줄 뿐만 아니라, 그 배우자의 이미지에까지 손상을 주어, 그 손상이 서로의 관계에 부정적 영향을 준다고 생각하면 된다. 그러므로 부부 쌍방이 커다란 새로운 관계의 조정을 할 필요가 있는 것이다.

부부의 성생활도 가능한 원래의 상태에 가깝도록 원조할 필요가 있다. 그러나 이 경우에는 원래의 상태라고 해도, 반드시 같은 형이라고 말할 수 없는 경우도 있다. 이 때문에 종래와 같은 서로의 심리적 만족감을 맛볼 수 있도록 생각하는 쪽이 좋을 것이다.

곧잘 장애인의 배우자가 말하는 것은 자신이 간호사, 가정부 등의 사회적으로 새로운 역할을 짊어지게 되고, 거기에 장애가 있는 남편(또는 아내)에게 성적 대상으로서의 감정을 지속하는 것은 어렵다고 말한다. 일을 돌봐주고, 옷갈아 입는 것을 도와주고, 휠체어를 밀어주고, 가정경제를 짊어지고, 게다가 연인이 되는 것은 심리적으로 어려운 일이다.

장애인이 전적으로 비장애인 배우자에게 의지하는 일은 마치 부부관계가 부모와 자식의 관계에 가까운 것이 된다. 한 사람이 모든 것을 주고, 한쪽이 받게 되면 거기에서 성적 감정이 생기기가 어려울 것이다.

이상과 같은 상태에서 원조를 주는 경우, 다음과 같이 시사되어 있다. 우선, 장애인과 그 배우자 쌍방에게서 장애 전의 성관계에 관한 정보와 장애 발생 이후의 성에 관한 그들의 기대를 알 필요가 있다. 특히, 배우자의 사회력, 자기 감각, 성행위의 좋고 나쁨, 장애가 부부관계에 주는 충격의 판정 등이 필요하다.

어떻게 배우자가 장애 배우자를 감정적으로 받아들이고 있는 가, 그것이 부부관계의 질에 어떠한 변화를 주는가, 또 부부의 성행위에 어떠한 영향을 주고 있는가 등의 이해가 필요하다. 이 것들을 통해 어떻게 부부 쌍방이 손실을 느끼고 있는가, 또 그 손실이 장래 성관계에 줄 영향은 어떠한가 등의 정보를 기초로 상담을 통해서 부부의 친밀감을 재확립할 필요가 있는지, 그렇지 않으면 다른 도움을 받을지의 결정이 내려진다.

장애인 및 그 배우자가 장애라는 것을 받아들일 때, 각자 부부에게 고유한 문제가 떠오르는 법이다. 그러나 일반적으로 장애인과 그 배우자가 보통 문제시하는 것, 그리고 지금까지의 생활양식을 바꿀 필요가 있는 사항은 다음과 같은 것이 있다. 장애에 의한 신체적 한계, 사회적 기능의 새로운 유형과 타인에 대한 의존의 증가, 새로운 자기 신체상, 자기평가 개념의 변화와 성 활동의 변화를 들 수 있다.

이 같은 부부의 성생활의 조정을 도울 경우, 우선 필요한 것은 자신들이 서로에게 필요하고, 만족할 수 있는 방법을 여러 가지 궁리하도록 용기를 주는 것이다. 또, 같은 경우에 처한 사람들이 같은 시도를 하여 보다 만족한 성생활을 보내고 있다는 메시지를 전하는 일이다. 이 시도에 의해 서로의 커뮤니케이션을 개선하는 것이 목적이기도 하다,

부부가 어떻게 하면 마음 편히 성행위를 할 수 있는지, 기분이 좋은지 나쁜지, 즐거운지 고통스러운지, 서로에게 받아들여지고 있는지 아닌지 따위의 이해를 높이는 것이 목적이기도 하다. 상대에 대한 이해가 서로의 이야기에 의해 보다 깊어지는 것이 부끄럽고 아주 어렵다고 할지라도 서로가 잘 조정할 수 있는 기회가 될 것이다.

예를 들면, 척수장애인으로 장벽(障壁)을 통해 회장(回腸) 내에 인공항문을 부착한 상태인데 그 대변을 담는 주머니가 성교 중에 터져 대변이 밖으로 나올 수도 있다. 평상시 이것은 굉장히

장애인에게 있어 고통스럽고 혐오감으로 가득찬 상태가 되는 것임을 상상할 수 있다. 그러나 이 같은 사항은 부부가 이해하지 않으면 안되는 일이지만 서로 마음이 통한다면 이 같은 상황은 별로 심각한 일이 아니라고 생각한다.

요컨대, 자기의 배우자가 인공항문을 달고 있는 일, 또 그 취급을 어떻게 하면 좋은지 충분한 지식을 갖고 있는 경우는 이같은 사고가 발생해도 서로 웃고 처리할 수 있다고 생각한다.

많은 척수장애인이 지금까지 성감대가 전혀 없다고 생각하고 있던 부분에서 새로운 성감대를 발견하는 일이 보고되고 있다. 이 같은 신체부분을 부부 쌍방의 노력으로 발견하도록 시도하는 것도 의미있는 일이다.

신체장애인은 지금까지 자유로웠던 신체동작에 제한이 생긴다. 그래서 배우자가 지금까지 장애인이 해주고 있던 동작이나 체위에서 성적 만족을 얻을 수 없는 원인이 된다. 따라서 그것을 생각하면 장애인 자신도 여러 가지로 배우자가 만족할 수 있는 새로운 방법을 모색하는 노력이 요구된다.

일례로서 인공항문을 달고 있는 여성이 성교를 할 경우, 그 관과 플라스틱 자루를 그녀의 겨드랑이에 두는 것은 웬지 성행위에 제한을 가하는 것이 된다. 이 경우, 남성 상위의 체위보다 여성 상위의 체위쪽이 보다 적절하다. 또, 양다리 절단 장애인이 남편인 경우의 여성도 여성 상위로 남성 위에서 말타기 식으로 체위를 하면 좋을 것 같다. 왜냐하면 양다리 절단인 사람은 무게가 절단된 부위에 놓이면 그다지 기분이 좋지 않기 때문이다.

척수장애인으로 발기불능인 사람들은 대체적으로 입과 혀를 사용한 성 활동을 하지 않으면 안 된다. 또, 류마티즘으로 골관절 장애인은 관절에 압력이 가해지지 않도록 둘이서 여러 체위를 궁리할 필요가 있다.

척수장애인 배우자는 종종 척수장애 때문에 감각이 전혀 없어져 성적 만족감을 맛볼 수 없다고 생각하기도 한다. 그러나 장애인은 이전과 같은 성적 만족감을 얻을 수 없다 해도 그것에 대신해서 배우자가 만족하고 있는 것을 통해 자신도 성을 즐기는 만족감을 얻을 수 있는 것이다. 성 행위란 단순히 생리적, 물리적 반응이 아니고 뇌의 반응이며, 주로 만족감을 지배하는 것은 그 사람의 심리적 반응이라는 점을 잊어서는 안 된다.

이렇게 둘이 서로 노력해서 새로운 상태의 심리, 사회, 생리적 조정을 반복할 때에 긍정적인 자기의 신체상이 만들어져가므로 거기에 지금까지 없었던 새로운 생활의 기쁨도 발견할 수 있는 것이다.

III

정신지체인과 성

앞 장에서는 신체장애인의 성 문제를 서술했지만, 여기에서는 정신 및 지능발달에 장애가 있는 사람들, 특히 정신지체인들에게 초점을 맞추어 고찰하기로 하겠다. 신체장애인의 주요문제가 신체 동작의 부자유에 기인하고 있는데 반해서 정신지체인들의 문제는 지능발달장애에 기인하고 있다. 그것이 이러한 사람들의 사회기능에도 파급되어 있는 것이 특징이다.

지금까지 미국사회에서 여러 가지 특수성을 가진 사람들에게 성적 억압이 여러 형태로 가해졌지만, 그 중에서도 가장 강력한 억압을 받은 사람은 정신지체인들이었다. 어째서 정신지체인들이 성적 억압을 받게 되었는지 그 이유는 여러 가지로 생각할 수 있지만, 그 중 두 가지의 주요한 원인으로서는 다음과 같은 것을 들 수 있다.

하나는 우생학적인 생각으로 정신지체인들의 성욕을 억압하지 않으면 정신지체인들로 인해 결국은 미국사회 전체의 지능지수가 저하되고 사회 위기를 초래하게 된다고 하는 생각이다.

두 번째 이유는 정신지체인들은 성적 충동을 억제하는 것이 곤란하기 때문에 한번 성을 경험하면, 제한 없이 성욕을 발휘해 결국은, 성폭력자가 될 위험이 있다고 생각하기 때문이다. 이 같은 이유로 인해 오랜 세월에 걸쳐 정신지체인들에게 성 억압이 행해졌던 것이다.

1. 미국 정신지체인의 성 보호에 대한 역사적 고찰

미국의 정신지체인들에 대한 성 보호 역사를 더듬어 성적 억압이 어떻게 이루어졌는지 생각해 보자. 미국에서 처음 정신지체인들의 수용시설이 세워진 곳은 1850년대에 메사추세츠 주 보스톤이었다. 신체장애아를 수용하고 있는 시설에 부속으로 만들어진 것이었다. 수용시설을 세운 당초의 목적은 정신지체인을 훈련하고 재활을 시킬 생각이었다. 따라서 시설 내에서는 농업을 비롯해 당시 생활에 필요한 기능을 가르쳤다.

그런데 이 철학은 실로 현대적이었지만 이 시설이 직면한 문제는 이런 것이었다. 만일 재활이 되면 대체 지역사회 어디에 거주하고, 어떠한 생계 수단을 가지고 생활을 유지할 것인가 하는 것이었다. 그 중에는 시설에 입소하는 사람들의 숫자가 퇴소하는 숫자보다 조금씩 늘어나자 시설수용 인원이 팽창되었다.

처음 수용시설이 만들어지고 나서 20년 후에는 영국에서 일어난 산업혁명이 미국사회에도 파급되기 시작했다. 그 결과, 도시의 인구집중 현상이 발생한 것이다. 그런데 도시인구의 급격한 증가를 당시 경제기구에서 잘 흡수할 수 없었고, 그것과 더불어 1895년에는 경제공황이 일어나 실업자가 많이 양산되는 결과가 초래되었다.

이와 같은 상황이 되자 가장 괴로운 자들은 정신지체인 같은 약자였다. 자기집에서 내쫓긴 정신지체인들이 거리를 배회하였다. 남자는 범죄 앞잡이로 이용되고, 여자는 매춘부로 나가는 사람들이 많아진 것이다.

또, 당시 생물학자와 인류학자 사이에서 범죄는 유전이라는 생각을 강하게 가지고 있었다. 사실 범죄자, 매춘부 등을 조사해 보면 확실히 정신지체인들이 많았다. 물론, 정신지체인들이 범죄를 한다는 유전학적 증거는 없었지만, 표면적인 자료로는, 범죄와 정신지체인들과 관련이 있다는 결과가 나왔다. 이것은 생활규칙이 없고, 또 남에게 이용되기 쉬운 약점을 가진 정신지체인들이 생존을 위해 무엇이라도 해야 했기 때문에 초래된 결과라고 생각된다.

이는 정신지체인들에게 있어 아주 불리한 사회상황이고 그 속에서 만약 정신지체인들의 생식관리를 하지 않으면 미국 전체의 지능지수가 떨어질 뿐만 아니라, 범죄자가 점점 증가해서 결국은 사회붕괴로까지 발전한다는 생각이 미친 것이다.

번식공포가 사회에 뿌리를 내리면 다음으로 행해지는 것은 조직화된 생식관리였다. 그 결과, 각 주가 점차 단종입법(斷種立法)을 만들고, 정신지체인 남자는 거세, 여자는 단종이란 것을 강요하게 된 것이다.

1920년 주립의 수용시설 기록에는 이 같은 보고가 생생하게 남아 있다. 물론, 이 같은 극단적인 방법이 취해진 것은 당시는 현재와 같이 다양한 피임 방법도 없었고, 피임 지식도 한정되어 있었기 때문이다. 또, 수용시설에서는 남녀 교제의 기회를 최소화하기 위해 남녀를 분리하여 다른 건물에 거주시키고 엄중한 감독 하에 둔 것이었다. 그러나 당시 미국사회의 남녀 교제 예절을 생각했을 경우, 이 같은 일은 별로 부자연스런 방식이었다고는 생각되지 않는다.

조금 옆길로 나가지만, 수용시설이 어떻게 발전되었는지를 살펴보자. 20세기에 들어와 정신지체인들의 수용시설은 미국의 각주에 설치되었다. 전술했듯이 처음 시설은 정신지체인들의 훈련 장소였고 재활을 목적으로 시작했지만, 시간이 흐름에 따라 재활할 수 있는 사람은 줄어들고 자연히 수용인구가 증가해 갔다.

최초의 시설운영 철학은 약자를 사회의 험난한 곳으로부터 보호하기 위해, 시설이라는 오아시스를 만드는 것이었다. 그러기 위해 가능한 시설의 자급자족을 강조하였고, 시설입소자 한 사람 한 사람이 자신의 능력에 맞는 생산에 종사하는 것을 원칙으로 하였다. 이 같은 사고방식과 운영방식은 이미 유럽의 각지, 특히 독일, 벨기에 등에서 행해지고 있었던 정신지체인 외의 장애인을 위한 마을 건설이란 사상의 영향을 받고 있었던 것 같다.

자급자족이란 발상은 아주 좋았으나, 시설을 완전히 독립하는 것은 불가능한 일이었다. 보통 사회에서 생산능력이 없는 사람들을 모집했으므로 도저히 시설의 자립 따위를 생각할 수 없었던 것이다. 아무래도 시설의 운영비 등을 주와 시 당국에 의존하지 않으면 안 되었기 때문이다.

약자를 사회의 험난한 곳으로부터 보호해야 한다는 생각은 우생학적 사상과 정신지체인과 범죄관계가 주장됨에 따라, 이번에는 사회를 이 같은 바람직하지 않은 사람들로부터 보호할 필요가 있다는 생각으로 바꾼 것이다.

어느 사이엔가 정신지체인들이 사회에서 불필요한 자로 낙인되어 버렸다. 그래서 이 같은 비생산적인 사람들을 격리하여 사회 일반으로부터 눈에 띄지 않는 장소에 수용하였다. 대체적으로 정신지체인들을 위한 주립수용시설이 인구가 많은 도시에서 멀리 떨어진 장소에 있는 것을 보아도, 그 목적이 격리에 있고 재활이 아님을 알 수 있다.

도시에서 떨어져 있다는 것은 시설의 고립을 촉진시킨다. 시설이 멀리 떨어져 있으면 처음에는 종종 찾아온 사람들도 시간이 흐름에 따라 멀어져 가는 것이다. 더욱이 시설측은 면회시간 등을 만들어 자기들의 편의를 위해, 멀리서 찾아오는 방문자의 입장은 생각지 않게 되었다. 이같이 사회에서 고립되고 경제적으로 최저비용으로 운영되는 수용시설이 늘어나게 되었다.

이 같은 시설에서는 피수용자들의 요구는 무시되고 단순히 살려두는 것이 목적이 될 수 있다. 그러나 이 같은 상태임에도 불구하고 입소 희망자의 수는 끊이지 않았고, 입소하는 데에 몇 년씩 기다리지 않으면 안되는 상태가 계속되었다.

필자도 1950년대 후반과 60년대 초에 이 같은 주립시설을 방문한 적이 있었는데 보호수준이 너무 낮아 놀라움을 금치 못했다. 이런 곳에서 사느니 차라리 동물원이 훨씬 낫겠다는 인상을 받았다. 이 같은 정신지체인들에 대한 학대와 착취가 공공연히 수용시설 내에서 50년 가까이 계속된 것이다. 이 같은 상태에서는 인간의 성적 욕구는 물론, 인간답게 살아가는 권리조차 박탈당하는 것이다.

2. 탈시설화의 개념

전술한 것과 같은 수용시설의 비인간적 상태를 개선하기 위해 일어난 것이 탈시설화 운동이었다. 이 탈시설화의 개념이란, 간단히 설명하면, 수용시설에 거주할 필요가 없는 자를 지역사회에 복귀시키는 것이다. 그리고 가능한 살고 있는 지역사회에서 치료와 훈련을 하게 하고, 되도록 멀리 떨어진 시설에 수용하지 않으려고 하는 것이다.

이 탈시설화가 급속히 진행된 때는 1960년 초부터로 이것은 정신지체인들 뿐만이 아니고, 같은 경우에 놓인 정신질환자에게도 해당되는 것이었다. 탈시설화의 개념은 돌연히 나온 것은 아니고, 정신병과 정신지체 문제의 새로운 처우방법이 끊임없이 연구된 성과에 의한 것이었다.

그 일례로 정신병의 경우 약물의 발달로 지금까지 좋아지지 않는다고 생각하고 있던 데서 보통사람에 가까운 상태로 돌아오게 한다는 생각으로 바뀌었다. 또, 정신지체인들에게 집중적인 교육을 시켜 지역사회에 거주하게 하고, 그 사람의 능력에 따라 경제적 자립은 어려워도 바람직한 사회인으로서 생활할 수가 있다는 것을 알게 된 것이다.

이처럼 장애에 대한 이해에 대변화가 일어난 것과 더불어 인간과 환경과의 상호작용이 인간의 발달에 미치는 영향의 중요함이 사회과학의 발전과 함께 인식된 것이다. 이 개념의 응용으로서 각 지역에서 실천적 프로그램이 시작되어, 그 효과가 나타나자 그것이 대규모적인 형태로 미국사회 전체에서 시행되었다.

1) 탈시설화 운동 전의 수용시설 상황

여기에서 탈시설화 운동이 시작되기 전의 수용시설 상황을 요약하면 다음과 같다.

① 시설수용자의 수가 보통 2000~5000명

② 수용시설에 거주할 필요가 없는 사람이라도 갈 곳이 없기 때문에 시설에서 살 수밖에 없는 경우

③ 치료나 훈련 등의 프로그램이 일부의 수용자에게만 주어지고 대다수 사람에게는 아무런 도움도 줄 수 없었다.

④ 수용시설이 일반사회보다 고립되고 독자적인 특수사회를 만들고 있었다.

⑤ 수용자의 인권이 인정되지 않았던 것 등을 들 수 있다.

계속해서 수용자의 생활 내용을 요약하면 다음과 같다.

① 시설 내의 규칙에 의해 일 년 내내 묶여 있었고, 그리고 이 규칙은 전혀 변화가 없었다.

② 규칙을 준수하고 문제를 일으키지 않도록 강요되고, 자주성 있는 태도와 행동은 질서를 혼란스럽게 하는 행동으로 위험시 하고 있었다.

③ 수용자와 매일 접하는 직원은 수용시설 근처에 살고, 특별히 교육도 훈련도 받지 아니한 사람들로 이 일을 일시적, 임시직이라고 생각하고 있는 사람들이었다.

④ 시설운영에 도움이 되는 일부의 사람만을 훈련시켜서 일을 맡기고 다른 대부분의 사람은 같은 건물 안에서 아무것도 하는 일이 없었다.

⑤ 시설의 전문직원은 다른 시설에는 고용될 수 없는 사람들이었고, 되도록 수용되어 있는 사람들과 접하는 것을 피하는 사람도 있었던 것 등을 들 수 있다.

2) 공민권 운동과 탈시설화

탈시설화가 시작되어 성공한 이면에는 다음의 사회적 요소가 있었다고 생각된다. 이 운동에 중요한 영향을 준 것으로 1960년 초부터 킹 목사를 지도자로 한 열렬한 흑인의 공민권 운동을 들 수 있다. 이 운동은 미국 민주주의 사회에서 입으로는 평등을 외쳐도 현실적으론 인종, 능력 등에 의해 차별대우를 받고 있는 사람들이 많다고 하는 기만을 폭로하기 시작하고 평등한 대우와 공민권의 확립을 요구한 것이다.

이 운동에 의해 인종만이 아니고 신체, 정신장애 때문에 시민으로서 생활할 권리를 빼앗기고 있는 사람들이 많이 있는 것이 발견된 것이다. 1960년을 계기로 차츰 차별적 법률이 배제되고 그 대신 모든 사람들의 공민권을 보장하는 법률이 생긴 것이다.

3) 지역정신위생센터법과 탈시설화

또 하나 탈시설화를 실현하는 직접적 열쇠가 된 것으로 수용시설에서 나오는 사람들에 대한 지역사회의 충실한 수용체제였다. 이 선구가 된 것이 1963년에 입법화된 지역정신위생센터법과 그것에 관련된 몇 개의 법률이었다.

이 법률의 근저에 있는 사상은 정신질환자 및 정신지체인들이 거주하는 장소에서 치료 및 훈련을 받고, 가능한 먼 수용시설에는 보내지 않도록 하고, 수용시설에서 나온 사람들의 재활에 필요한 치료 및 훈련을 행하는 것이었다.

그 결과, 미국 전체에 지역정신위생센터가 인구 35만에서 40만에 일개소씩 만들어진 것이다. 미국 전체에 이 같은 센터가 세워진 것은 혁명적 의미가 있었다. 미국은 일본에서는 상상이

가지 않을 정도로 지리적으로 광대한 나라이므로 전국에 일률적으로 시행하는 것이 어려운 나라이다.

게다가, 역사적으로 지방자치가 중요시되고, 사회복지, 공중위생, 정신위생면에 있어서도 각각 지방에 따라 크게 차이가 있었다. 도시에는 전문가가 집중되는 한편, 시골에는 거의 없는 상태였지만 이 법률에 의해 연방정부의 자금부담으로 센터가 세워졌기 때문에 정신위생에 관해서는 전국 어디에 살고 있어도 비교적 같은 양, 같은 질의 서비스를 받도록 할 수 있었던 것이다.

그리고 각 센터는 다섯 종류의 정신위생 서비스를 하도록 규정되었다. 그 첫째가, 어떤 연령층에서도 정신병, 심신증, 정서, 비행문제 등의 진단 및 심리요법, 사회사업 등에 의한 치료를 외래에서 시행한다. 둘째는 하루 24시간 내내 정신위생 긴급서비스를 설치한다. 셋째는 통원센터를 설치한다. 넷째는 조기문제 발견을 위해 지역사회에 진출한다. 다섯째는 정신위생 교육에 종사하는 자는 사회계몽을 행한다. 그 지역사회의 주민과 밀접한 협력관계를 만들기 위해 센터 이사회에 지역주민의 대표자를 참가시키는 것이다.

이 같은 센터가 세워지고, 그것과 동시에 직업훈련, 특수교육 기관, 정신지체인들을 살게 하는 아파트 등이 서서히 건설되고, 지역사회 서비스가 급속히 충실하게 강화되었다. 그 사이에 사람들이 점점 수용시설에서 자기가 원래 살고 있던 곳으로 돌려보내지고 주립 정신병원 등은 환자가 줄어들게 되어 문을 닫는 곳이 차츰 생기게 되었다.

또, 이전의 정신지체인들의 수용시설도 내부가 개량되고 지역사회에서 생활할 수 있다고 판단되어지는 사람들은 시설을 나오게 되었다. 현재 이 같은 시설은 중증정신지체인들을 보호하게 되었다.

이 변화과정에서 가장 중요한 것은 오랜 세월에 걸쳐 지배해왔던 사상으로부터 재활이나 훈련을 해도 무익하기 때문에 어떤 경우에도 수용시설은 단기수용되어야 한다는 것이다. 그러므로 재활에 필요한 생활 기능을 그 사람의 능력에 맞게 발달하도록 해야 한다는 것으로 바뀐 것이다. 물론, 이 같은 사고방식의 변화가 쉽게 이루어진 것은 아니다. 그 사이에는 부모로부터의 반대, 지역사회 주민으로부터의 반대, 전문직원으로부터의 반대 또한 상당히 있었다.

특히, 정신지체인들을 10명 정도 같이 살게 하는 그룹 홈을 지역사회에 만들 때, 보통 인근주민들에 의한 반발이 일어났다. 그 이유는 대개는 장애인을 함께 살게 하는 것은 외관을 나쁘게 하고, 자기들의 어린이에게 위협이 되지 않을까, 부동산 가치가 떨어지지 않을까 하는 우려였다. 이 같은 여러 반대를 경험하면서 정신병, 정신지체인들에 대한 보호가 개선되고 있고 현재도 그 과정에 놓여 있다고 할 것이다.

3. 정상화(일반화)의 원리

탈시설화에 따른, 정신지체인들의 보호와 생활개선에 큰 역할을 수행한 또다른 것은 정상화의 원리였다. 이 말은 왠지 어렵다고 생각하시겠지만, 이 원리는 실로 간단한 것이다. 요컨대, 정신지체인들의 일상생활을 보통 우리들의 생활방식과 가능한한 가깝게 접근하도록 하는 것이다. 이처럼 간단한 일이 오랜 세월에 걸쳐 수용시설 등에서는 완전히 무시되고 있었다고 할 수 있다.

이 원리의 발상이 스칸디나비아 나라들에서 어떻게 해서 행해졌는가는 이미 일본에 몇 번이나 소개되고 있었으므로 여기에선 설명이 필요치 않다고 생각된다. 이것은 6가지 원리원칙에 의해 성립되어 있다. 그 하나는 정신지체인들의 생활 상황을 비장애인의 생활 상황에 가깝게 하고 일상생활의 형태를 사회 주류에 가깝게 한다. 사회의 주류란 우리들 소위, 중류계급이 유지하는 평균적 생활양식을 가리킨다.

둘째는 시설의 거주자에게 하루의 생활리듬을 주려고 하는 것이다. 이것은 보통 우리는 아침에 일어나서 세수, 식사를 하고 그 후 학교나 일터로 나간다. 또 주부로서 집에 있어도 가사 외에 쇼핑, 회합, 식사모임 등에 참가하는 일들로 하루를 보낸다. 이것이 우리에게 생활리듬을 가지게 한다. 그런데 시설에서는 많은 거주자가 한 건물 안에서 모든 생활을 보내고 있다. 같은 장소에서 매일 매일을 보내는 것으로는 생활리듬을 갖게 하는 것이 불가능한 일이다. 따라서 이같이 우리들이 당연하다고 생각하고 있는 일에서부터 변화해 가려고 하는 것이다.

셋째는 시설거주자에게 연중행사의 생활리듬을 주려고 하는 것이다. 미국에서는 크리스마스, 생일, 여름 휴가 등 보통 일본과 같이 휴일이 있다. 이것을 시설거주자에게도 적용하는 것이다. 예를 들면, 크리스마스라던가, 여름 휴가(방학)에는 집에 돌아간다. 또, 주말에도 집에서 가족과 함께 보낼 수 있도록 한다. 그러나 가족이 없는 사람들에게는 시설 안에서 그 같은 일을 함께 해준다는 것이다.

넷째는 정신지체인들이 그 생애를 통해서 비장애인과 같은 생활경험을 할 수 있도록 하는 것이다. 우리들의 생활경험을 보면 어린이는 어린이, 약자는 약자대로 그 연령과 발달상황에 어울리는 사회생활을 경험해야 한다. 그런데 시설에 거주하면, 그 환경이 연령에 어울리는 경험을 좀처럼 해줄 수 없는 것이다. 나이가 들어도 어린아이 때와 같은 경험이 계속되고 있는 경우가 종종 있다.

다섯째 원칙은 정신지체인들에게 선택의 자유와 생활의 희망을 주도록 하는 것이다. 수용시설의 환경은 개인의 선택의 자유나, 개인적 욕망 등을 끊임없이 제한한다. 획일적인 시설규칙에 맞추어 행동을 하도록 계속 요구받고, 자주적인 행동을 하면 벌을 받기도 한다. 따라서 자주성과 개성을 신장시키려고 하는 것이다.

여섯째, 비장애인의 사회는 남녀 양성으로 성립되어 있다. 남녀가 생활을 여러 장소에서 함께하는 것이 자연스런 형태이다. 그런데 거주시설은 남녀가 다른 건물에서 살고, 더구나 남녀의 교섭을 가질 수 없게 되어 있었다. 따라서 이 같은 부자연스러운 생활형태를 개혁하고 남녀 양성이 있는 생활의 장으로 바꾸려는 것이다.

이상과 같은 상식적인 사항이 정상화의 원리이다. 그러나 이 상식적인 일이 오랜 세월에 걸쳐서 무시되고 있었던 것이다. 이 원리가 미국에서 탈시설화 운동과 함께 응용되고 난 후, 20년의 세월이 흘렀다. 그리고 이 원리는 수용시설만이 아닌 지역사회의 복지기관, 가정에도 응용되고 있다.

이 원리를 수용시설 조건으로 적용시킴으로써 '최저로 구속된 환경'이라는 생각이 들어야 한다. 이것은 시설을 운영하는데 필요한 최저한도의 규약만을 만들어 가능한 거주자 개인의 자유를 빼앗지 않도록 해야 하기 때문이다. 물론, 정상화란 하나의 원리이고, 이 원리를 각종 정신지체인들에게 적용하는 경우에는 정신지체인들의 장애 정도에 따라 당연히 자유의 정도가 달라진다. 이 원리의 응용에 필요한 사고방식은 그 개개인들의 요구에 적합한 원리적용이라 생각한다.

1) 입법과 재판

이처럼 탈시설화와 정상화 원리가 서로 작용하고 정신장애인의 사회적 처우가 개혁되었다. 그러나 개혁과 동시에 특히 중요한 역할은 입법, 법규의 개혁과 재판소에 의한 판결이다. 예를 들면, 각 주의 법률로 정신지체인들의 결혼이 오랫동안 금지당하고 있었지만, 이 법률이 위헌이라는 판결을 내린 것도 재판의 결과이고, 주립 정신병원 환자에게 적절한 치료를 베풀지 않으면 안 된다는 판결을 내린 것도 연방재판소였다. 또, 중증장애인은 장애 때문에 학교측에 의해 취학을 거부당해 의무교육제도가 있어도 학교에 다닐 수가 없었다. 장애아 부모가 학교측을 상대로 소송을 일으켜 부모가 승소하여 현재는 어떤 중도의 장애아라도 공립학교에서 교육을 받을 수가 있게 되었다.

또, 신체장애인에 대한 모든 차별을 제거하는 법률이 입법화되고 있다. 중요한 것으로는 모든 공공건물을 휠체어로 이용할 수 있도록 개조하고, 장애인의 접근을 시도한 1968년의 건축물장애법과 1973년의 재활법에 관련해 504항에 관한 상세한 규약도 나오고 실행되고 있다.

탈시설화와 정상화 원리가 사회에 침투됨에 따라 정신지체인들의 성적 표현과 결혼문제를 어떻게 다루면 좋을까라는 것이 중요한 의미를 가지게 되었다. 시설에 거주하고 있는 동안은 성적 요구가 억압되고 무시당하고 있었지만, 사회생활을 보통사람과 같이 함에 따라 성 문제가 급속히 부상했다.

더구나 지금까지의 연구에 의하면, 정신지체인들의 사회적응에 대한 성공 또는 실패는 그 사람의 대인관계, 특히 이성관계. 사교능력에 좌우된다고 보았다. 또, 이 같은 훈련이 수용시설에서는 행해지지 않았을 뿐더러 직원도 전혀 그 같은 지도방법을 모르는 상태에 놓여 있었다. 새로운 과제가 정신지체인들을 비롯해 직원, 가족에게 주어졌다고 말할 수 있다.

4. 정신지체인의 성 문제

정신지체인에는 지능이 지체된 사람들, 또 성적 발달이 되지 않는다고 생각하는 다운증, 지능발달장애와 뇌성마비 등의 합병 증상을 가진 사람들이 있다. 성 문제라 해도 천차만별이라고 생각해야 한다. 그래서 정신지체인들에게 공통되는 두세 가지 문제만을 여기서 다루기로 하겠다.

1) 자위행위 문제

필자는 정신지체인들과 활동하고 있는 직원에게 성 문제에 대해 이야기를 한 적이 있었다. 그 때에 반드시 나오는 이야기는 수용시설 등에서 자위행위를 과잉으로 하는 어린이가 있지만, 어떻게 하면 그만두게 할까라는 고민을 하고 있다는 것이다. 어떻게 하면 좋을까에 대한 것은 간단히 대답하기가 어렵다.

필자는 이 질문이 나오면 반드시 어떻게 대답하면 좋을지 망설여진다. 어른이라도 그만두게 한다고 해서 그만두지 않을텐데 말뜻을 잘 이해하지 못하는 어린이가 쉽게 그만둘 것이라고 생각하지 않는다. 우선, 질문한 사람에게 '과잉'이란 말의 정의부터 이야기하게 한다. 왜냐하면, 반드시 10명이 모두 과잉이다라고 하는 말에 대한 의견이 일치하지 않기 때문이다. 어떤 사람에게 있어서는 하루 세 번 자위행위가 과잉이라고 해도, 다른 사람은 과잉이라고 생각하지 않기 때문이다.

그 사람의 하루생활에서 자위행위가 무엇보다 중요하게 되고, 그 일에 마음을 빼앗기고 있는 상태가 계속되면 과잉이라고 생각한다. 때로는 너무 심하게 성기를 비비므로 빨갛게 짓물러 출혈할 것 같은 상태가 되어 있는 경우도 있다. 이것을 그만두게 하는 것은 간단한 일이 아니다.

다음으로 알고 싶은 것은 그 사람이 놓여 있는 환경이다. 예를 들면, 직원의 수가 부족하고 그 사람에게 주의를 쏟을 수가 없는 상태라면 우선, 보통방법으로는 아무 효과를 거둘 수 없을지도 모른다. 자위행위의 횟수를 줄이려면 한 사람의 직원이 그야말로 항상 어린이 옆에 붙어 있어서 다른 어린이가 만족하는 활동, 특히 양손을 사용하는 활동을 하도록 해야 한다. 끈기가 있어야 하고, 하루 이틀로는 효과를 기대하기 어렵다. 이 같은 보통방법을 이용해도 효과가 없는 경우는 다른 방법인 예를 들면, 손을 묶는 경우 등도 생각하지 않으면 안 된다.

성기에서의 출혈로 의사의 치료 등이 필요하게 되고, 드디어 어린이의 건강문제로 발전한다면, 보다 심하다고 생각되어지는 방법도 생각하지 않으면 안 된다. 그러나 이 같은 문제를 가진 어린이는 극히 소수에 속한다.

필자가 여기에서 말하고 싶은 것은, 직원이 이 같은 이상상태의 어린이에게만 주의를 기울이고 다른 어린이의 성적 욕구, 또는 행동에는 거의 주의를 기울이지 않는다는 것이다. 이것은 어린이의 성 행동이 이상상태에 이를 때까지 대체로 묵인하게 되는 것이다. 그것도 직원이 어떻게 어린이의 성활동을 지도하면 좋을지 모르고 지도하는 데 부끄러움도 따르고 해서 잠자코 있게 되는 경우가 있는 것 같다.

한 예로서 여직원이 정신지체인을 관리하다 보면, 바지에 손을 넣고 자주 자위행위를 하는 사람이 있다고 한다. 이때 이 직원은 어떻게 반응하면 좋을지 망설여진다고 한다. 주의시켜야 할지 말아야 할지도, 만난 후에 이 남자와 얘기해야 될지 어떨지 여러 생각이 떠오른다고 한다. 그렇지만, 보통 지나치는 경우가 많다고 한다. 누군가 다른 직원이 발견하고 '주의를 주겠지'라는 생각을 하는 것이다.

그러나 자위행위는 장소와 때를 구별해서 해야 한다는 것을 그에게 반드시 이야기해야 한다고 생각한다. 묵인하는 것은 행동을 계속해도 좋다고 허락하는 것이기 때문이다. 더욱이 이 남자는 어디서든 이 행동을 계속 할 수도 있다고 생각한다. 그러므로 이것은 정상화 원리에 반하는 행동이라고 주의를 주어야 한다. 나는 시설 등에서 성교육을 매일의 프로그램에 넣어야 한다고 생각한다. 특수한 행위가 아니고, 인간생활의 중요한 일부라고 생각할 때 묵인하고 있을 수 없기 때문이다.

2) 정신지체인들은 영원한 어린이인가?

사회 속에 뿌리깊게 남아 있는 사고의 하나로, 정신지체인들을 '영원한 어린이'로 보는 경향이 있다. 이것은 어른이 될 수 없고 성숙한 인간이 될 수가 없다라는 것을 의미하는 말이라고 본다. 그런데 이 고정관념 때문에 정신지체인들에게 있어 여러 가지 불리한 상황이 발생한다.

우선, 어린이는 성과는 관계가 없다는 생각이다. 이것은 '영원한 어린이'는 일생 성과는 관계없고 결혼할 수도 없다는 것이다. 또, 장래 결혼하고 자신의 아이를 가질 희망도 없는 사람들에게 성 정보를 줄 필요가 없다고 하는 것도 된다. 이것에 의해, 장애아 학급의 교과에도 성교육은 포함되어 있지 않고, 가정에서도 다른 것이라면, 모두 아이에게 가르쳐주고 싶다고 말하는 부모라도 성에 관해선 무관심하다. 더욱이 무엇인가 성에 관해 가르칠 필요가 있다고 생각하는 부모라도 대체 무엇을 어떻게 가르치면 좋을지 망설이게 된다.

아직 어리다고 믿고 있던 아이가 사춘기가 되어 갑자기 신체적으로 성장하고, 또 이성에 호기심을 나타내게 되면, 우선 이에 대한 대처가 곤란하게 된다. 정신지체인들은 '영원한 아이'가 아니다. 지능장애가 있다 하더라도 비장애인과 마찬가지로 같은 감정과 정서반응을 나타낼 수 있는 인간이다.

3) 충동적이고 자기 제어능력에 결함이 있는 걸까?

종종 문제가 되는 것으로 정신지체인들이 비장애인보다 자기 제어 능력이 떨어지는 것은 아닐까 하는 우려를 한다. 이것은 정신지체인들이 충동적으로 행동을 하고, 자신의 직관과 정서에 의존해 행동하는 경향이 있기 때문이라고 생각한다.

이처럼, 정서, 감정의 제어가 결여되어 있는 사람에게 성적 자극을 주면 마치 불에 기름을 붓는 것과 같이 되어 성욕이 강해져 걷잡을 수 없게 되지 않을까라고 생각한다. 따라서 정신지체인들에게는 가능하면 성적 자극을 주지 않도록 영원한 어린이로서 순진함을 보존해 가도록 훈련시켜야 한다고 말하게 된다.

실례로서, 예전에 다음과 같은 일이 있었다. 18세인 정신지체인 남자가 날마다 보호작업장에 통근하면서 일을 하고 있었다. 그런데 집 주위에는 친구가 없기 때문에 근처의 6-7세 정도의 아이들을 모아놓고 같이 게임을 하거나, 이야기를 하거나 한 것이다. 그러던 어느 날, 3세 정도의 아이들과 얘기하고 있는 것을 지나가던 주민이 본 것이다.

이 사람은 정신지체인 남자의 무릎 위에 앉아있던 여자아이의 부모에게 이 사실을 알렸다. 이 아이의 부모가 청년부모에게 자기 아이를 유혹하고 있는 것은 아닐까 하여 이 청년을 수용시설에 넣도록 요구한 것이다. 이 소문이 결국은 근처에 전해지고, 청년의 부모도 내버려 둘 수가 없어 당시 필자가 관계하고 있던 진료소에 도움을 구한 것이다. 진료소에서 사정을 듣고 조사해 보니, 이 청년이 어린아이의 신체를 만졌다고 하는 사실은 전혀 없었다. 근처 사람들에게도 이 일을 설명하고 이야기의 결말이 났다. 그런데 이 청년의 사회적 판단력의 결여가 문제라는 것이다.

미국사회에서는 18세 청년이 어떠한 선의를 갖고 있어도 어린아이를 모아놓고, 게다가 어린아이를 자기의 무릎 위에 올려놓고 있거나 하면 변태자가 아닐까 하는 의심을 받게 된다. 더구나 그것이 정신지체인 청년인 경우, 보통보다도 더욱 경계의 눈으로 보게 된다. 이 일을 이 청년에게 잘 설명하고 해결이 났지만, 얼마 후에 이 청년은 그럴 필요도 없는데 수용시설에 수용되었다.

정신지체인들은 비장애인보다 충동적이어서 자기 억제력이 결여되어 있는 것일까. 아무래도 이건 사회의 미신과 같은 것이다. 정신지체 남자쪽이 비장애 남자보다 보통 온순하고 겁쟁이인 경우가 많다. 만약 결함이 있다고 하면 사회적 인간관계를 잘 연결하는 기능과 능력이 결여되어 있는 것뿐이다. 또, 만약 충동적이고 자기 제어에 결함이 있는 사람이 있다면 그것은 지능장애가 원인이 아니고, 아무래도 이상한 환경에서 자란 것이 문제가 된 것이라고 생각하는 쪽이 타당할 것이다.

정신지체인들은 지능발달장애에 의해 일에 대한 이해와 판단의 지적 능력이 결여되어 있기 때문에 환경에서 심리적 상처를 받기 쉽다. 또, 많은 정신지체인들은 유아기에는 가정에서, 또 학령기가 되면 자기들과 같은 장애를 가진 사람들 사이에서 자라게 된다.

장애아 학급에 입학하면 대다수 어린이가 일 년 내내 같은 장애아동과 얼굴을 대하게 된다. 따라서 거의 같은 연령의 비장애아와 교제할 수가 없다. 이것만을 생각해도 사회예절을 확실히 배우지 못한 채 성장한다고 할 수 있다.

정신지체인들은 충동적이며 자기 제어력의 결여 때문에 성적으로 위험하다고 하는 편견을 버려야 한다. 오히려 정상화 원리에 의해 정신지체인들에게 더욱 사회적 예절을 가르치고 그것과 동시에, 사회에 통합할 수 있도록 계몽해 갈 필요가 있다.

4) 성적 착취의 대상이 되기 쉽다

정신지체인들의 성에 관한 부모나 직원의 또 다른 불안은 '성적 착취'이다. 정신지체인들이 성적 착취 대상이 되기 쉽다는 것이다. 정신지체 아동은 남이 다정하게 말을 걸어오며 친절을 베푸는 것이 기뻐 착취당할 위험에 자신을 드러내는 일이 종종 있다는 것이다. 다음 예는 그 전형이다.

17세의 경도의 지능발달장애가 있는 여자가 필자가 관련하고 있던 거주시설에 입소해 왔다. 입소 이유는 이 아이는 남성이 말을 걸어오면 따라가서 때론 매맞고 몸에 상처를 입고 집으로 돌아오는 일이 있었기 때문이다. 어떤 때는 알지 못하는 사람의 꾀임에 자동차에 올라탔다가 멀리 떨어진 곳에 버려진 일도 있었다.

아무리 부모가 주의를 주어도 전혀 듣지 않으므로 결국, 수용시설에 수용해서 이 아이의 행동을 바꿔보려고 한다는 것이었다. 수용시설에 들어와 일주간은 장애아 학급에 다니며 전혀 문제가 없었지만, 주말에 집으로 돌아가면 같은 일이 반복적으로 일어나는 것이었다. 집 사정을 살펴보니, 어릴 때부터 부모가 보살펴 주지 않아 애정에 굶주려 있어 상황을 판단할 능력이 발달해 있지 않았던 것이다. 그래서 타인이 말을 걸어오면 위험을 느끼지 않고 곧 따라가는 것이었다.

성적 착취의 또다른 예로, 지능발달장애와 정서장애 양쪽 문제를 갖고 있는 사람들의 거주시설 내에서 일어난 사건이다. 경도 정신지체인 남자 셋이서 공모해 중증 정신지체 여자를 창고 같은 방으로 데리고 가서 강간을 한 것이다. 이 사건의 초점은 사고력이 있는 남자들이 판단력이 약한 여자아이를 교묘히 속여 강간을 저지른 것이다. 이 사건 후, 꼭 하루 반나절 이 여자는 직원에게 아무것도 보고를 하지 않았지만, 왠지 모습이 평소와는 달라서 캐묻자 강간당한 사실을 실토한 것이다.

이야기에 의하면, 이 여자는 전혀 저항하지 않고 남자들을 따라갔다는 것이다. 그 후 세 명의 남자가 손과 발을 누르고 교대로 강간했다는 것이다. 강간이므로 일단 경찰에 통고했지만, 경찰조사에서도 새로운 정보는 나오지 않았다. 확실한 증거가 없으며, 미성년자이므로 남자들은 기소처분이 되지 않고 그대로

이 수용시설에 남아있게 되었다.

정신지체인이 성적 착취 대상이 된다는 것은 상기의 두 예처럼 판단력이 없기 때문에 자신이 놓여 있는 상황을 판단할 수 없고 장래에 일어날 수 있는 위험도 예지할 수 없기 때문인 것 같다. 성적 착취란 보다 힘있는 자가 힘이 약한 자들에게 자신의 권력을 행사하는 것에 의해 일어나므로 경증 정신지체인이 중증 정신지체인을 착취할 뿐만 아니라, 그 중에는 시설직원이 장애아를 속여 자신의 성적 도구로 이용하는 예도 때로는 있다.

정신지체인들이 성적 착취 대상이 되기 쉽다는 것은, 본인이 알지 못하는 사람을 금방 신뢰한다는 것, 타인의 동기를 판단할 능력이 결여되어 있는 것, 정확한 상황 판단과 행동할 능력이 결여되어 있는 것이다. 더욱이 남에게 무엇인가 들으면 그것을 곧이곧대로 실행에 옮기는 일 등을 이유로서 들 수 있다. 또, 자기방어능력이 결여되어 사건이 일어난 경우, 그 사건의 개요를 정확히 보다 효과적으로 설명할 능력이 없는 등의 이유를 들 수 있다.

여기에서, 정신지체인들에게 필요한 성교육은 단순히 신체, 성기, 남과 여, 성교 등을 가르치는 것만이 아니다. 자기방어를 포함한 적절한 상황의 판단력, 신뢰해도 좋은 사람과 신뢰해서는 안 되는 사람의 식별 등을 포함한 훈련을 해주는 일이다. 또, 정신지체인들의 성교육은 그 사람들을 둘러싼 주위사람들의 교육도 중요한 의미를 갖고 있다. 정신지체인들의 성적 발달에 관해서 부모와 직원의 이해를 증진하기 위해 어떻게 원조해 가는가가 중요한 과제이다.

인간의 성이란 단순히 남녀가 성기를 결합시켜 쾌감을 얻는 일만은 아닌 것이다. 더 넓은 의미가 성이란 말에 포함되어 있다. 미국에서는 섹스란 말보다 성욕이란 말로 인간의 성을 표현한다. 그러나 성욕의 엄밀한 정의는 존재하지 않는 것이다. 그렇지만, 이 말에는 성에 관한 생리적 의미 이상으로 넓게 인간이 경험하는 정서·감정을 포함하고 있다.

예를들면, 인간이 성교에서 얻을 수 있는 남녀 상호간의 친밀감, 심리적 만족감, 자기 해방의 기쁨, 그리고 상호의존이라는 것도 내포하고 있다. 더욱이 성이란 인간의 자기주체성 확인이라는 것에도 관련되어 있다. 따라서 성욕이라 할 경우, 성에서 시작되는 인간의 감정, 인간관계, 특히 남녀관계를 모두 내포하는 것이다. 그리고 이 성욕은 인간으로서 존재하는 이상, 중심적인 요소의 하나라고 생각할 수 있다.

이처럼 중요한 성이 지금까지 장애인이기 때문에 온갖 형태와 방식으로 억압당하고 있었던 것이다. 어떤 경우에는 장애인이기 때문에 비장애인과 같이 경험하는 일이 법률에 금지되었고, 다른 경우는 사회적 억압을 받고 있었다. 가령, 인간에게 있어서 대단히 중요한 의미가 있는 결혼에 있어서도 경제적 자립을 할 수 없고 가사를 돌볼 수 없으므로 아이를 가져서는 안 된다는 것 같은 여러 가지 이유로 허락되지 않았다. 물론, 장애인 모두가 성 경험을 갖거나 또는 결혼하지 않으면 안 된다는 것은 아니다. 장애인에게도 비장애인과 같은 선택의 자유가 주어져야만 한다는 것이다. 그 때문에 장애인의 성적 표현의 자유와 선택을 방해하고 있는 사회가 안고 있는 문제를 제거해 가야 하는 것이다. 우선, 장애인의 성적 권리를 인정해서 그 권리의 옹호에 노력을 기울일 필요가 있다.

그 성적 권리는 첫 번째로, 장애인은 사회적, 성적 행동을 훈련받을 권리가 있다. 지금까지 장애인에게 무엇이라도 가르쳐서 비장애인과 가능한 가깝게 되도록 하는 노력을 해왔다. 이 같은 훈련에 의해서, 사회적 교제의 문이 장애인에게 보다 넓게 열리게 되리라고 본다. 그러나 성적 행동의 훈련만은 완전히 무시되어 왔다.

둘째는, 장애인은 그 사람의 능력에 맞게 이해할 수 있는 모든 성에 대한 지식을 얻을 권리가 있다는 것이다. 여기에서 중요한 것은 '이해할 수 있는 모든 지식'이라고 하는 것이다. 단순히 일부의 생리라던가 피임만을 가르치는 것은 좋은 생각이 아니다.

셋째는, 성적 만족감을 포함해 이성을 사랑하고, 또 사랑받는 기쁨을 가질 권리가 있다.

넷째는, 비장애인이 사회적으로 인정되는 것과 같은 방식으로 장애인에게도 자신의 성적 욕구를 표현할 권리가 있다. 여기에서 중요한 것은 '사회적으로 인정되는' 이라는 말이다. 장애인이기 때문에 어떤 표현방식이라도 좋다는 것은 아닌 듯하다. 가령, 성적 표현은 남에게 폐가 되지 않도록 프라이버시로 하는 것이다. 어떠한 장애인이라도 이것은 지킬 필요가 있다.

다섯 번째로는, 장애인도 결혼할 권리가 있다. 장애인에게만 해당되었던 종래의 결혼 조건으로서 경제적 자립이라는 것이 있었지만, 앞으로는 결혼과 완전자립과는 별개로 생각지 않으면 안 된다.

여섯 번째로는, 장애인이 아이를 가질 것인지를 결정함에 자신의 입장을 설명할 필요가 있다. 특히, 정신지체인인 경우 자신의 희망과 생각을 말할 권리가 과거에는 완전히 무시당하고 있었다.

이상 여섯 가지의 성적 권리를 옹호하게 됨에 따라 장애인이 사회의 일원으로서 생활할 수 있는 시민권이 보장된다고 생각한다. 지금까지, 장애인이 가장 고통스러웠던 것은 장애가 아니고, 그것에 관련된 사회의 차별대우였다. 차별이 없는 사회를 만드는 것과 장애인의 사회통합화를 도모하기 위해 꼭 필요한 것은 성적 권리의 보장과 그 실행이라고 생각한다.

성 상담의
실천과
기능

전편에서는 장애인의 성을 둘러싼 사회, 심리, 생리적 문제의 개요를 소개했지만, 후편에서는 이러한 문제를 해결하기 위한 방법을 서술하기로 하겠다. 인간의 성은 비장애인이나 장애인을 불문하고 단순히 생리적, 물리적 반응이 아닌 넓게는 문화, 사회, 심리, 대인관계에 관련된 인간성 표현의 한 방법이라고 생각된다. 따라서 장애인의 성 문제를 생각할 경우, 생리보다도 이러한 문화, 사회, 심리요소가 보다 성적 만족감에 커다란 영향을 주고 있다고 생각할 수 있다. 그러므로 장애인의 진정한 성 문제 해결은 사회, 심리, 대인관계 문제의 해결 없이는 이루어질 수 없다는 것이다.

가령, 척수장애인 부부의 성적 조정에 필요한 일은 물리적으로 어떤 체위가 효과적이라는 것보다 그 전에 부부의 상호관계의 조정을 위한 도움이 필요하다. 성 상담자는 넓게 인간관계 조정의 도움에 필요한 기능과 방법을 알 필요가 있다. 그렇지 않으면, 상담의 좋은 결과를 바랄 수 없다고 생각한다. 그러나 이러한 기초기술은 사회사업, 심리요법 등의 책을 통해 이미 많이 소개되고 있으므로 여기에서는 그것을 되풀이하지 않겠다.

그 대신, 이 편에서는 장애인의 성관계 조정에 직접 사용되는 방법과 기능을 기술하겠다. 이 방법을 여기에서는 일단, 섹스 상담이라 부르기로 한다. 장애인에 속하는 사람들이 조금이라도 응용할 수 있기를 바란다.

I
성 상담의
기초 지식

1. 성 상담과 상담자

여기에서 말하는 성 상담이란, 보통 개별적으로 행해지는 상담자 대 내담자 일대일 면접 상담만이 아니라 수용시설의 운동장이나 교실 등에서도 가능한 방법과 기능을 포함하고 있다.

넓은 의미에서 상담의 목적은 장애인의 성적 기능 개선을 도모하는데 있지만, 그것에는 장애인이 고민하고 있는 것, 평소 알고 싶었던 것, 이야기하고 싶었던 것, 알아야만 하는 것 등을 화제로 상담에 임하는 일이다.

어떤 상담 방법에도 그 개입이론이라는 것이 있다. 이 개입이론이란 마치 지도 같은 것이라고 생각하면 된다. 우리들이 미지의 땅을 걷는 경우에 지도가 필요한 것과 마찬가지로 상담이론이 상담이란 미지의 장소에 대해 지도의 역할을 해준다. 우리들이 지도 없이 모르는 길을 걸으면 방향을 전혀 알지 못하고 미로 속에 헤맬 것이다. 상담도 개입이론 없이 갑자기 시작하면 그 목적과 과정도 모르고 도중에서 방향을 잃게 된다. 그런가 하면 인간의 행동, 태도, 감정은 모르는 거리를 지도를 갖고 걷는 것과는 다르다. 인간은 복잡한 존재이고 그 사람의 반응도 한 사람, 한 사람 꼭 같다고는 생각할 수 없다. 따라서 아직 개입이론은 지도에 비유해도 매우 부정확한 것이다. 지도에 의존함과 동시에 자신의 직감에도 의존하는 것을 필요로 한다.

성 상담에는 또 다른 특이한 문제가 있다. 그것은 상담자가 어느 만큼 성에 대해서 개방적인 태도를 갖고 있고 자유로이 남과 서로 이야기하는 것이 가능한가라는 것이다. 미국과 일본에서도 성에 관해서는 남 앞에서 공공연히 이야기하는 것은 좋지 않다고 생각하고 있고 이 같은 사고방식을 어릴 때부터 우리들은 익히고 있다. 이것은 성을 이야기할 경우에 부끄러운, 보기

흉한 것이라는 등의 여러 가지 감정을 자연스레 가지는 것이다. 사람들은 어떤 화제를 가지고도 남과 이야기할 수 있겠지만, 아무래도 성에 관해서는 자신이 없다고 하는 사람이 많을 것이다. 그러니까 우선 성 상담 제1조건은 성에 대한 저항 없이 남과 이야기할 수 있는 것이다.

십수 년 전의 이야기이지만, 내가 결혼상담을 했던 적이 있다. 결혼상담을 시작했을 당시 가장 저항을 느낀 것은 부부 간의 성생활을 자세하게 알아내는 일이었다. 미지의 부부 성생활을 엿보는 것 같은 흥미와 호기심에 흥분하기도 하고, 또 동시에 내담자가 망설이거나 하면 왠지 거기에 응답할 말을 찾지 못하고, 어떤 경우에는 알지 않으면 안될 일은 도중에서 끝내고, 어떤 때는 필요 이상의 정보를 알아내거나 또는 잘못된 면접을 했던 것이 기억난다.

상담자 자신이 성에 대해 태연하지 않는 경우 당연히 긴장감이 내담자에게 드러나고 내담자 자신도 성에 대해 이야기하는 것을 주저하게 된다. 더욱이 내담자는 상담자가 그다지 성문제에 대해서 숙련되어 있지 않다고 느껴 상담이 깊게 발전하지 않고 실패로 끝나는 경우가 된다. 따라서 성 상담 또는 타인의 성 문제 해결의 도움 방법을 알고 배우고 싶은 사람은 우선 성에 대해서 자유롭게 태연히 남과 이야기할 수 있는 자기훈련을 필요로 한다.

2. 성 상담자의 자기훈련

1) 성 지식의 숙지

자기훈련의 첫 번째 방법은 가능한 성에 관한 책을 많이 읽고, 성 지식을 숙지하는 일이다. 성에 관한 지식이 풍부하면 할수록 성 상담에 도움이 된다. 책도 단순히 생리적인 것만이 아니고, 소설에서 에로책 종류까지 넓게 읽을 필요가 있다. 또, 일본인에 의해 쓰여진 것과 더불어 다른 나라에서 쓰여진 것 모두 읽을 필요가 있다. 그러할 때 다른 문화나 사회에서 어떻게 인간의 성이 다루어지고 있는가에 대한 지식을 얻을 수 있다.

성에 관한 지식을 얻으면, 같은 목적과 흥미를 갖고 있는 직원들과 자신들이 배운 것에 대해 토론회를 열면 더욱 좋다. 이같은 토론회를 가짐에 따라 자신들이 얻은 지식을 직장에서 응용도 할 수 있고 또, 응용한 결과를 비판할 수도 있다고 본다. 보통 저항을 느끼고 있던 성에 관한 말을 모두의 앞에서 이야기하게 되므로 조금씩 그와 같은 말에 익숙해지기도 한다.

2) 연수회 · 강연회의 참석

미국에서는 전문직원을 위한 성에 관한 연수회가 각지에서 계속 열리고 있다. 일본에서도 머지않아 성에 관한 연수회가 자주 열리게 될 것이다. 이 같은 모임에 출석하는 것은 대단히 유익한 경험이라고 생각된다. 또, 미국에서는 성에 관한 교재가 풍부하고, 특히 교육을 위해 만들어진 뛰어난 시청각 교재가 있다. 필자는 성 상담 수업 중에 여러 가지 영화를 보여 준다. 가령, 비장애인 20대 남녀가 성교를 하고 있는 영화, 노인의 성교, 척수장애인의 성행위, 동성애자들의 성교, 성 상담 방법 등 여러 종류가 있으므로 적당한 것을 골라 상영한다.

이 같은 영화를 처음 접하는 학생이 대부분이여서 받은 충격
은 대단히 큰 것 같다. 그렇지만, 이런 영화를 봄으로써 자기자
신의 성행위에 대해서 자각이 생겨나고, 영화를 몇 번 보고 있
으면 익숙해진다. 성교가 인간의 특별한 행위로 느껴지지 않게
되는 것이다. 이것은 상담을 하고 있는 경우, 특별한 감정을 감
소시키는데도 도움이 된다. 이것을 심리학에서는 '제감작(際感作
;Desensitization) 즉, 콤플렉스의 경감 또는 제거'라 부르고 있다.
또한 영화를 보고서 자신과는 다른 성 행동에 대한 가치관을 배
우고, 다른 행동의 수용에 보다 관대한 태도를 배우게 된다.

3) 성에 관한 말

대체로 신출내기 상담자는 '음경(陰莖)', '질(膣)'이라는 성에 관
한 말을 내담자에게 듣거나 자기가 말하는 데에도 저항을 느끼
는 법이다. 특히, 어릴 때 부모로부터 그런 말을 사용해서는 안
된다고 철저히 교육받은 상담자일수록 내담자로부터 그런 말을
들으면 그 말에 대해서 강한 정서반응을 나타낸다. 대체 내담자
가 무엇을 말하고자 하는 것일까 정신적 혼란이 일어나 상담이
잘 안되기도 한다. 이 문제를 극복하기 위한 다음과 같은 방법

이 있다. 우선, 자신이 알고 있는 성에 관한 말이나 어릴 때 들은 말, 은어 등을 전부 종이에 써보는 것이다. 그후, 그 말 하나 하나를 말해보는 것이다. 그렇게 함으로써 콤플렉스가 제거된다.

4) 상담자 자신의 성 문제

타인의 성 고민 상담을 시작하기 전에 때론 자신의 성 문제로 괴로워할 수 있다. 가령, 부부 간의 성 문제가 있을 경우, 필요한 것은 자신의 문제해결을 위해 노력하는 일이다. 만약, 스스로 노력해도 좋은 결과를 얻을 수 없는 경우는 전문가에게 상담하여, 해결할 필요가 있다. 자신이 문제를 가지고 있는데 해결을 위해 노력 하지 않는다면 타인의 문제해결에 자신을 가지고 대하는 것은 어려운 일이라고 생각되기 때문이다. 자신의 문제를 누군가에게 상담을 받고 좋은 결과를 얻을 수 있다면, 이번에는 자기가 누군가 다른 사람을 상담할 때에 자신의 경험을 내담자에게 이야기할 수가 있다.

상담에서, 대체 상담자들은 어느 정도 자기자신의 경험을 이야기할 수 있는가라는 것이 논의된다. 전혀 이야기를 하지 않는다는 입장과 적당히 이야기해도 좋다고 하는 양쪽의 의견이 있다. 필자는 그 경우에 대해 예로서 이야기하는 것은 효과가 있다고 생각한다. 가령, 내담자에게 실은 자기도 같은 경험이 있었다고 이야기하는 것만으로도 내담자에게 상담자가 보다 친근한 인간으로 느껴지고 신뢰가 생긴다고 생각한다.

그 예로서, 필자의 학생 중에 베트남전쟁에서 척수장애를 입어 휠체어 생활을 하고 있는 사람이 있었다. 그는 재활센터에서 그와 같은 처지에 있는 사람들의 성 상담과 생활상담에 초점을 둔 일을 하고 있었지만, 그 자신이 장애인이라고 하는 것만으로 비장애인이 상담하는 것보다 한 걸음 앞서 있는 것 같았다. 같은 일을 상담자가 경험했다고 하는 것만으로 상담자와 내담자가 처음 경험하는 거리감을 훨씬 단축시키는 법이다. 이러한 이유로 상담자 자신이 성 문제를 갖고 있는 경우에는 우선, 자신의 문제를 정리하도록 강력히 권한다.

Ⅱ
성 상담의 방법

앞에서는 인간의 성 행동은 그 사람이 처해 있는 문화, 사회에서 습득한 것이라고 했다. 이 장에서도 상담의 기초이론을 같은 방향에서 생각하기로 하겠다.

인간의 성 행동은 다른 행동과 마찬가지로 습득된 것이라고 하는 설은, 과거 35년 전부터 존재하였다. 더욱이 최근에는 인간의 성 반응의 이해와 성 문제의 해결, 치료라는 것에 큰 공헌을 한 마스터와 존슨은 인간의 성 반응이란 두 개의 독립된 조직, 생물, 물리적 조직과 심리, 사회적 조직의 상호작용에 의해 성립된다고 주장하고 있다. 그러나 그들의 주장도 실험적인 실증에 의한 것은 아니다. 따라서 이 같은 조직이 어떻게 상호작용을 하고 그것이 성 행동에 영향을 미치고 있는 것인지 이해가 되지 않고 있다.

　그러나 그들의 가장 큰 공헌은 첫째로, 인간의 성 반응의 이해에 새로운 지식을 가져온 것이다. 더욱이 그때까지 성행위에 대해 직접적으로 연구되지 않았던 것을 직접 다루게 되었다. 둘째는 그때까지는 비교적 간단히 단기간에 치료하는 '교육적 방법'을 생각하기 시작한 것이라 말할 수 있다. 이 치료방법이란 행동파 심리학 이론을 응용한 것이었다. 그후, 섹스치료도 시간이 흐름에 따라 변화되고 현재는 행동과 이론의 응용과 함께 자아심리학이론, 상호관계이론 등이 개개의 내담자 특성에 적용된 재활치료방법으로 사용되고 있다.

　여기에서는, 이 같은 치료의 방법을 설명하는 것이 목적은 아니다. 따라서 장애인 개개의 성 문제에 넓게 적용할 수 있는 간단한 상담방법을 선택해 소개하기로 하겠다. 이것은 특별한 심리요법이나 성문제 치료의 특별한 훈련을 받고 있지 않아도 사용할 수 있는 특징이 있다.

1. PLISSIT(프리시트) 모델

이 PLISSIT 모델은, 하와이의 호놀루루 시에 심리요법 사무실을 운영하고 하와이 대학에서 교편을 잡고 있는 Amnon 박사가 행동파 심리학을 근거로 조직화한 것이다. 이것을 프리시트 모델이라 부르는데, 언뜻 보기에 아주 간단하게 생각하겠지만, 간단하기 때문에 상담의 모형으로서는 실용성이 높다. 이 모델을 틀로 해서 장애인의 성에 관한 프로그램도 여러 가지로 만들수 있다.

PLISSIT는 영어의 Permission, Limited Information, Specific, Suggestion, Intensive Therapy의 머릿 글자를 딴 것으로 번역하면 '허가', '한정적 정보', '특정 제안' 그리고 '집중적 요법'이 된다. 첫 단계는 매우 간단하나, 점차 단계가 올라갈수록 어려워진다. 또한 집중요법 단계가 되면 고도의 기술과 지식을 필요로 하고, 특별한 훈련을 받은 사람이 아니면 사용하는 것이 곤란해진다.

Amnon은 처음의 세 단계, '허가', '한정적 정보', '특정 제안'

을 간결요법이라 부르고 있다. 이 간결요법은 그다지 전문적 훈련 없이도 사용할 수 있다고 생각한다.

Amnon의 도식을 빌려 네 단계를 설명해 보겠다. 장애인을 포함한 모든 사람들이 가지고 있는 성적 문제, 걱정, 불안 등을 생각해 보라.

〈그림 1〉은 프리시트 모델을 나타내고 있다.

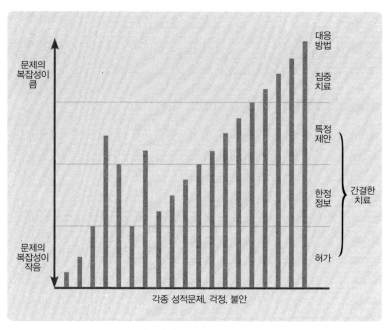

〈그림 1〉 프리시트 모델

가로선으로 표시되어 있는 것은 각종 성적인 문제, 걱정, 불안의 여러 가지 복잡한 정도를 나타내고 있고, 세로선으로 표시되어 있는 것이 문제의 복잡성의 정도이다. 이러한 복잡한 문제의 정도에 대응하는 성 상담 방법에도 차이가 있다는 것을 나타낸 것이다.

〈그림 1〉에 나타나 있는 것처럼 처음 단계인 '허가'는 가장 간단한 방법으로 인간이 가진 성적인 걱정, 불안 등의 해결에 가장 많이 적용되고 있다. 그 다음 '한정적 정보'에서 '특정 제안' 단계에 이르게 되면 성적인 걱정도 특수화되어 가는 것으로 나타나고, 그것과 동시에 문제해결 방법도 더 복잡해진다. 이 책의 목적은 성상담 전문가를 위한 것이 아니므로 집중요법에 대해서는 서술하지 않겠다.

1) 제1단계 : 허가

Amnon의 주장에 의하면 사람들이 때때로 알고 싶다고 생각하는 것은 자신이 성적으로 보통이고 이상이 없다는 보증이라고 한다. 그리고 이 같은 보증의 말을 의사, 교사, 사회사업가 등의 전문가로부터 듣고서 그 사람의 걱정 불안이 없어진다고 하는 것이다. 보통 이 같은 상담을 청해오는 사람은 자신의 특정 행동 자체에 불안감을 갖고 있는 것이 아니고 자신의 행동에 대한 사고나 감정에 대해 걱정하고 있어서 이와 같은 사고나 감정에서 나온 행동을 고민하고 있는 것이다.

가령, 앞장에서 설명했었던 정신지체인들 부모가 종종 걱정하는 것으로 어린아이의 자위행위가 있다. 이 걱정의 원인은 어린이의 자위행위가 심해져서 만성이 되는 것은 아닐까, 또 자위행위에서 성에 대한 경험을 하고 다음에는 성교를 하고 싶어하고, 근처의 어린이를 꾀거나 하는 것은 아닐까 등의 불안이다.

이 같은 상담을 받은 경우에 전문가가 한 마디로 비장애아도 정신지체인도 10대 중반이 되면 자위행위를 하므로 결코 이상하지 않다고 말했다 하자. 보통 이 한마디를 들은 것만으로 부모는 안심하는 모양이다. 따라서 '허가'라는 것은 지금까지의 행동을 계속 해도 좋다고 하는 것으로 지금까지 걱정하고 있던 일에 편안함을 주는 것이다. 또 허가를 주는 것은 그 사람의 불안을 없앤다는 것도 의미하고 있고, 그 사람의 성적인 문제의 심각성을 예방하는 역할도 한다. 물론 단순히 '허가' 하는 것만으로 성적 걱정을 해소하는 것은 불가능한 일이다. 그러나 어느 정도의 걱정 해소에는 도움이 된다.

　가령, 심장마비를 경험한 사람이 있다고 하자. 이 사람이 병원에서 퇴원한 후 보통 생각하는 것은 대체 언제부터 성교를 시작해도 좋은가라는 것이다. 이것은 의사의 명확한 지시를 필요로 한다. 그러나 자신이 없거나 성 관계 등의 지시를 환자에게 할 필요가 없다고 생각하고 있는 의사는 아무런 지시도 하지 않던가 또는 애매한, 가령 '적당히 너무 무리하지 말고' 라는 말로 얼버무리고 끝난다고 한다. 그러나 적당히 무리하지 말라는 말은 환자에게 있어 굉장히 애매한 말이다. 대체 성교를 일주일에 몇 번을 하는건지 그것도 조용히 에너지를 소비하지 않고 그다지 몸을 움직일 필요가 없는 여성 상위의 체위를 사용하면 좋은

건지 아무것도 명확한 해답을 주고 있지 않다. '허가'를 할 경우도, 또 하지 않는 경우도 그것을 명확히 설명할 필요가 있다. 종종 말하는 의사의 책임이란, 가령, 심장마비를 경험한 환자에게 성교를 잠시 하지 말고 기다리라고 지시를 했다면 반드시 후에 이제 시작해도 좋다라는 '허가'를 하는 것을 잊어서는 안 된다는 것이다. 그렇지 않으면, 환자는 '허가'가 있을 때까지 계속 기다리고 있게 된다. 이 '허가'라는 것은 전문가가 어떠한 장소에서도 응용할 수 있다는 특징이 있다.

또, Amnon은 보통 사람들의 성적 고민은 사고, 공상, 감정에 의해서 가장 빈번히 일어난다고 설명하고 있다. 현실로는 일어나는 것이 아니지만, 공상이라던가 감정을 가진 것만으로 그것이 성적 불안의 원인이 되는 것이다. 가령, 결혼한 사람이 자신의 배우자 이외의 사람과 성교를 공상하는 것은 가장 많은 일례라고 말할 수 있다. 역시 동성애, 강간하는 또는 강간당하는 공상 등을 얼마든지 하는 것이다. 하지만, 이 같은 상상을 경험하면 사람은 종종 자신이 성적으로 정상이 아니라고 생각하거나 깊은 죄의식을 느껴 불안감에 사로잡히거나 하는 것이다.

신문의 신상 상담란에 다음과 같은 이야기가 실려 있었다. 결혼한 30대 여성의 상담으로 그녀는 남편과는 불평 없이 만족하며 살고 있었다. 그러나 자신이 정말로 결혼생활에 만족하고 있는 것일까 하는 생각과 죄의식을 느끼고 있었다. 그녀는 남편과 성교를 할 때에 자신이 로버트 레드포드(미국의 배우)와 성교를 하고 있다고 상상한 것이다. 이 여성이 알고 싶은 것은 과연 자신이 정상인지 아닌지와 더구나 이 걱정을 어떻게 없애면 좋은가라는 것이었다. 이 해답자는 우선 이 같은 공상은 누구라도 하는 것이므로 결코 당신이 이상한 것이 아니고 이런 공상을 해도 이상 상태가 아니다라고 대답하였다.

이 같은 상담을 받은 경우, 상담자가 이 같은 공상은 누구라도 하는 것으로 이상 상태가 아니라는 보증을 하면 그 사람의 불안이나 걱정하고 있던 것이 제거되는 것이다. 그러나 그 중에는 이 같은 사고, 공상이 끊이지를 않고 그 때문에 그 사람의 사회 생활에 장애를 주는 일도 있다. 물론 지나친 행위를 하는 사람들에게 '허가'를 준다면 문제해결은 커녕 오히려 악화될 수 있다.

많은 사람들은 자신의 성 행동에 의문을 가지거나 불안하게 생각하거나 한다. 가령, 인간의 성교 횟수에 대해서 어떤 책에서, 자신들의 연령이면 주 평균 2번 반이면 좋다고 읽었다 한다. 그런데 설사 사람이 성 행동을 주 5회나 7회, 평균치를 상회하고 있거나 또는 반대로 주 1회를 한다면 전자는 과잉이라고 생각하고, 후자는 과소라고 불안하게 생각한다. 그런데 평균치라는 것은 0에서 X회를 한 수를 총 인원으로 나눈 수이므로 반드시 2회 반이라는 것이 대표적 숫자는 되지 않는다. 인간의 성 행동은 보통 우리들이 생각하고 있는 것보다 훨씬 폭넓고 다양한 것이다. 이것은 '보통'이라는 것이 명확히 들어맞을 수는 없다. 거기에서 상담자가 어떤 사람의 성 행동에 보통이다라고 '허가'를 준 경우 그 사람의 상황에 대한 이해 없이 허가를 해주는 것은 곤란하다고 생각된다. 가령, 주 7회의 성교나 주 1회라도, 그 횟수 자체는 문제가 되지 않는다. 그러나 7회나 1회에 의한 과잉, 과소의 문제 때문에 부부 관계가 악화되거나, 그 밖의 사회기능에 악영향을 주는 것이 보다 중요한 문제이다.

또 다른 예로서 신체장애인의 남편을 가진 여성은 성행위를 할 경우 아무래도 보통보다 적극적, 능동적 행동을 취할 필요가 있다. 그런데 보통여성은 수동의 태도가 아니면 안 된다고 배웠기 때문에 갑자기 그 태도나 행동을 바꾸어야 할 경우, 자신의 모습을 부끄럽다고 생각하는 불안감에 고민하기도 하는 것이다. 이 경우에는 이것은 걱정할 것이 아니다라는 '허가'를 상담자에게 듣는 것만으로도 이 여성에게 도움이 된다고 생각한다.

정신지체인 청년이 자위행위를 하고 있다고 하자. 어떤 때, 누군가에게 자위행위를 하면 심장이 나빠진다고 들었다 하자. 이 일로 당연히 불안감이 증가하고 대체 어떻게 하면 좋을지 혼돈스럽기도 할 것이다. 그 경우에 상담자로부터 걱정할 필요가 없다, 그것은 사실과 다르다는 보증과 자위행위를 계속해도 좋다는 허가를 받음으로 해서 지금까지의 불안감이 해소되는 것이다.

(1) 허가의 이론적 배경

여기에서의 '허가'를 내린다라는 방식에 대해, 행동파 심리학의 배경이 되고 있는 이론에 관한 설명을 덧붙이겠다. 무슨 이론이냐고 독자 중에 생각하시는 분이 있을지 모르겠지만, 이 이론의 이해가 나중에 큰 도움이 될 것이라 생각하기 때문이다.

이 이론에 의하면, 사람은 직접 또는 간접적 조건에 따른 과정을 통해 이야기하는 말, 글로 쓰여있는 말, 또는 생각하는 말에 자신의 정서를 포함해 반응하는 것을 배운다는 것이다. 그리고 각자가 그 사람의 특유한 경험에 의해, 그 말에 담고 있는 감정도 부정적, 긍정적, 중립적인 다른 반응을 나타낸다고 한다. 가령, 나쁜 죄, 부끄러움 등의 말에 대해서는 대부분의 사람이 부정적 정서반응을 나타내는 것을 배운다고 한다. 이 같은 부정적 의미의 말을 자신의 특정 행동에 맞추면 다음과 같은 방정식이 성립한다. 행동 → 말(Label) → 불안감이 된다. 가령, 성 행동 → 악 → 불안감, 이것을 실제 성 행동으로 바꿔보면, 자위행위 → 부끄러움 → 불안감이라는 방정식이 된다. 결국, 사람이 부정적 말을 여러 번 특정 행동에 맞추면 마침내 조건부 과정에 의해 이

것이 '행동에서 불안감'이라는 방정식으로 변하게 된다.

이것을 구체적으로 말하면, 사람이 어떤 특정의 행동을 한 후 불안감을 느끼게 된다. 이것은 나쁘다라는 말을 특정 행동에 붙이고 있기 때문이다. 가령, 정신지체아가 자위행위를 하고 난 후에 그 행위가 나쁘다고 배웠으므로 그것에 대한 반응으로서 불안감을 나타낸다. 행동과 같이 사고에도 이 방정식이 적용된다. 우선, 특정사고 → 말 → 불안감의 방정식이 성립한다. 이것이 되풀이됨에 따라, 특정사고 → 불안감이란 방정식으로 변해간다. 더욱이 다음과 같은 방정식도 생각할 수 있다. 우선, 어떤 사람이 무엇인가 특정의 행동을 하는 것을 생각하고, 그 다음에 그 행동을 했다고 하자. 그리고 그 후 일정한 말을 붙임으로 해서 불안감을 기억했다고 하자. 이 방정식은 사고 → 행동 → 말 → 불안감이지만, 이것이 결국은 사고 → 불안감이 된다.

이 방정식이 제안하는 상담의 방법이란 어떠한 것일까? 행동파 심리학이 가르친 방법은 이 방정식의 일환으로 개입하여 불안감이 생기는 것을 방지하는 것이다. 그래서 상담자가 '허가'를 내리는 것은 그 사람의 행동의 변화, 또는 말에 대한 불안감의 변화를 기대하는 것이 아니고 다른 방정식을 기대하는 것이라고 Amnon은 설명하고 있다.

　가령, 어떤 장애인이 자위행위 → 악 → 불안감, 또는 자위행위 → 불안감이란 방정식을 갖고 행동하고 있다고 하자. 그것을 전문가가 자위행위는 결코 나쁜 것이 아니고, 무해한 행동으로 그것을 계속해도 좋다고 하는 '허가'를 내렸다고 하자. 그것에 의해, 이 사람의 지금까지의 방정식이 자위행위 → 중립, 또는 긍정적인 말 → 중성, 또는 안심감이란 새로운 방정식으로 바꿔 놓을 수 있는 것이다.

　하나 더 예를 들어 설명해 보자. 어떤 남성이 자동차 사고로 척수장애를 입었다고 하자. 그의 지금까지의 성 행위는 음경과 질의 교접만이고 그것만으로 성생활의 만족을 얻고 있었다. 그런데 장애에 의해 성적 기능이 없어지고 이 부부의 성생활을 계속 하는 방법은 입으로 하는 성이 되어버린 것이다. 이 경우, 이 사람이 오랄섹스는 이상하다라고 믿고 있으면, 이 사람의 방정식은 오랄섹스(행동) → 이상 → 혐오감, 또는 오랄섹스(생각) →

혐오감이라고 표현된다. 그러나 그는 왠지 성 생활을 계속하고 싶다, 특히 그의 아내에게 성적 만족감을 주고 싶어 오랄섹스를 해야 한다라고 생각했다. 그 생각을 재활센터에 있는 직원에게 상담을 했다고 한다.

이때, 이 직원이 오랄섹스는 많은 비장애인뿐만 아니라 장애인도 사용하고 있는 성행위의 방법으로 특히 교육 정도가 높은 부부가 낮은 부부보다 빈번히 행하고 있으므로 이상한 것은 아니라는 허가를 내렸다고 한다. 이 일로 해서 이 사람의 → 이상 → 혐오감의 방정식이 오랄섹스 → 통상 → 중립 → 긍정이라는 새로운 방정식으로 바뀌어진다고 생각할 수 있다.

(2) '허가' 제공의 한계와 4가지 조건

이 '허가'라는 것은 장소를 불문하고 상담자의 간단한 지식으로 굉장히 폭넓은 성에 대한 걱정을 해소 또는 예방하는 특징이 있다. 또, 이 '허가'는 PLISST(프리시트) 모델의 다른 단계의 방식과 함께 사용하면 보다 큰 효과를 가져올 수 있다. 그러나 이것에는 한계가 있다는 것을 잊어서는 안 된다.

이 예가 때때로 수용시설의 직원에게 듣는 이야기로 어린이가 자위행위에 몰두하고 있는데 방치해 두어도 좋은가에 대한 상담이다. 이 경우, 자위행위는 자연스런 행위니까 내버려 두어도 된다는 '허가'를 내리는 것은 안 된다고 생각한다. '허가'한다, '하지 않는다'라고 하기 전에 이 몰두하고 있다고 하는 의미의 이해가 중요시 된다. 또 다른 예로서 남성이 말을 걸어오면 의심 없이 곧 따라가는 여자의 경우, 걱정하고 있는 부모에게 단순히 사교경험이 늘어나기까 좋다는 '허가'는 간단히 내릴 수 없다고 생각한다.

Amnon은 '허가'의 제공에 있어서 상담자에게 요구되는 것으로 4개의 조건이 있다고 말한다. 그 첫째는 성에 관한 지식의 풍부함, 둘째는 자신의 이론적 입장에 대한 이해, 셋째로 자신의 가치관에 대한 이해, 넷째로는 자기 자신에게도 '허가'를 내린다. 이 4가지를 들고 있다.

이 첫째와 둘째의 조건은 이미 설명을 했으므로 여기서는 그 설명은 생략하기로 하고 셋째인 자기가치관에 대한 이해라고 하는 것은 보통 상담의 경우, 중요한 의미를 갖고 있다고 생각한다. 자기가치관에 대한 이해 없이 타인에게 자신의 가치관을 무리하게 강요하는 것은 위험하다고 생각된다. 그러므로 자기가치관이 아무래도 '허가'라는 것과 상반되는 경우에는 그같은 문제를 갖고 온 사람에게 자신의 입장을 정직하게 이야기하고 다른 상담자에게 가도록 하는 쪽이 좋다고 생각된다.

넷째의 자기 허가라고 하는 의미는 우선 자기는 성 상담원으로서 완전한 전문가가 될 수 없다라고 하는 허가이다. 성 분야에 있어서 모든 것을 아는 완전한 전문가는 없고 그렇게 되는 것도 불가능하다. 새로운 지식을 좇아가는 것만으로도 많은 노력을 필요로 한다. 따라서 스스로 답을 낼 수 없는 경우에는 아는 체하지 않고 모른다고 명확히 말할 수 있도록 자신에게 허가하는 것이 필요하다.

2) 제2단계 : 한정적 정보

프리시트 모델의 제2단계를 Amnon은 '한정적 정보'라고 부르고 있다. 이것은 상담자는 내담자가 필요로 하고 있는 정보, 즉 어떤 특정의 정보를 제공하고 그 사람의 걱정, 불안을 제거하기 위한 노력을 말한다. 이것은 많은 사람들이 성에 관해서 정확하고 적절한 정보를 갖고 있지 않은 경우, 또는 잘못된 정보를 가지고 있는 경우에 그것이 불안과 걱정의 원인이 되고 있다는 생각에 기인한다.

이 '한정적 정보'의 제공도 '허가'와 마찬가지로 어떠한 장소에서도 간단히 상담할 수 있는 것이 특징이다. Amnon은 일례로서 많은 미국인 남성이 음경이 너무 작아서 성교에 부적당하고, 여성에게 조롱받는 일이 되는 것이 아닌가라고 은근히 고민하고 있어 그중에는 여성과 데이트하는 것을 피하고 있는 사람들이 있다고 설명하고 있다. 이 같은 사람들에게 정확한 정보를 제공함으로써 그 고민을 해소하도록 도와줄 수 있다고 하는 것이다.

음경이 작다고 고민하는 것은 미국이나 일본의 공통의 문제 같다. 그것은 음경이 남근이라 불려지고 있듯이 문화적으로 남성 매력의 상징으로 생각되고, 또 음경이 큰 만큼 여성을 기쁘게 할 수 있고, 여성도 큰 음경을 동경하고 있다는 뿌리깊은 생각이 있다. 이처럼 자기의 음경이 작아서 쓸모없다고 하는 사람의 불안을 제거하기 위한 도움으로 다음과 같은 '한정적 정보'를 준다. 우선 남성도 여성도 성적 만족은 음경의 대소와는 관계가 없다는 것이다. 자위행위 조사에서 음경이 발기하면, 평소에 작은 음경이 큰 음경보다 팽창률이 높으므로 그다지 큰 차이가 없다는 것을 알게 되었다.

또한 여성의 질은 공동(空洞)이 아니고 신축성으로 탄력이 있어 음경의 대소에 의해 조정하며, 따라서 음경의 대소에 의해 쾌감도가 결정되지 않고, 여성의 성적 만족감은 성행위의 상대나 상황에 의해 가장 강한 영향을 받는 것이므로 물리적인 것보다 심리적인 조건이 중요한 것으로 설명된다. 더욱이 자신의 음경을 다른 사람의 음경과 곧잘 탈의실 등에서 비교하고 자신의 것이 작다고 생각하는 것 같다. 그렇지만, 이 경우에 자기 것은 위에서 아래를 보고 있으므로 본래 크기보다 작아 보일 수 있고 옆에서 보는 다른 사람의 음경이 아무래도 크게 보이기 때문이다.

이미 앞에서 언급했듯이, 많은 장애인이 필요로 하고 있는 것은 성에 관한 특정의 지식과 정보이다. 그 예로서, 척수장애인에게 앞으로 어떠한 형태로 성생활을 계속해 가면 좋은가라는 정보를 줄 필요가 있다. 그러나 이때에 상담자가 바로 지각하고 있지 않으면 안 되는 것은 단순히 이처럼 "하세요"라고 말해도 인간이란 그렇게 간단히 자기의 태도, 행동을 바꿀 수가 없는 것이다. 그러나 특정의 정보를 남에게 주는 일은 그 사람의 태도, 행동을 바꾸는 일부라고 생각된다.

3) 3단계 : 특정 제안

프리시트 모델의 제3단계는 '특정 제안'이라고 Amnon이 이름 붙이고 있다. 이 명칭이 나타내는 것처럼 이 방법은 특정의 성적 문제를 갖고 있는 사람들에게 어떻게 해결하면 좋은가를 제안하는 의미이고, 2단계보다 더욱 어려운 지식과 기능이 상담자에게 요구된다. 이 '특정 제안'은 지금까지 어떤 장소에서도 상담을 할 수 있었던 것이 이 단계가 되면 더욱 사생활이 있는 개인용 방 또는 상담실이 필요하게 된다. 이 '특정 제안' 방법이란 단기의 성 상담방법이라 생각해도 좋다. 내담자의 성 문제해결을 위한 면접은 1회에서 끝나는 것이 아니고 적어도 수회, 어떤 경우에는 수십 회의 상담을 필요로 한다.

이 '특정 제안' 방법은 보통 가장 빈번이 사람들이 경험하는 성 문제, 가령, 남성의 성교불능증, 조루, 불감증, 질경(膣痙) 등의 해결을 비교적 빨리 효과적으로 할 수 있는 것이 특색이다. 이 방법은 Amnon에 의해 독자적으로 개발된 것만이 아니고, 마스터와 존슨에 의해 개발된 방법, 또는 더 이전에 J.Siemens 등에 의해 개발된 방법이나 기능과 밀접하게 관련되어 있다. Amnon이 이러한 기능, 지식을 '특정 제안'이라는 개념의 틀에 짜맞춘 것이다. 따라서 이 장에서는 Amnon의 개념만이 아니고 광범위하게 상담방법을 논하기로 하겠다.

(1) 내담자의 성 문제에 대한 평가

이 '특정 제안'은 앞의 두 개와 달리 상담자가 특정의 제안을 함으로써 내담자가 어떤 특정의 태도, 행동을 바꾸는 것이 목적이다. 가령, 비장애인 또는 장애를 가진 여성이 불감증으로 고민하고 있다고 하자. 이 상담 목적은 이 여성의 불감증을 제거하는 데 있다. 또한 남성이 성교 불능으로 고민하고 있는 경우 그 문제를 해결해 준다던지, 척수장애인인 경우, 생리적으로 발기기능이 불능인 경우는 그것을 대신할 수 있는 성행위의 방법을 지도하고, 그 사람이 고민하고 있는 성 불능이란 문제를 경감해 주는 것이 이 상담의 목적이다.

따라서 어떤 특정한 문제라 할지라도 상담자가 먼저 해야 할 것은 문제에 대한 인식이고 문제의 특성에 대한 이해이다. 이것을 개별상담에서는 문제의 평가라고 한다. 상담자가 문제의 평가를 할 경우 여러 가지 질문을 내담자에게 하지 않으면 안 된다. 질문이란 내담자가 고민하고 있는 문제를 이해하는 것이 목적이므로 성 문제를 중심으로 해야 한다.

이 문제 평가의 틀에는 다음과 같은 개념이 포함되어야 한다.
① 내담자가 현재 느끼고 있는 문제
② 그 문제의 기점과 경과
③ 내담자가 생각하는 문제의 원인
④ 지금까지의 문제해결 노력과 그 결과
그 중에는 의사 또는 전문가로부터의 문제진단, 치료, 자기진단, 치료의 결과도 포함하고 있다.
⑤ 이 상담에 대한 기대와 목적

이상의 문제평가에 대한 개념은 각각 장소, 시간의 유무 등에 의해 조절이 되지만, 가장 중요한 것은 전 항목이 문제 평가의 면접에 포함되어 있는 것이다. 개별상담에 정통해 있는 독자는 이미 이 평가의 짜임새가 별로 새로운 것이 아님을 알 것이다. 그럼, 이 평가의 일례로서 다음의 내담자(기혼여성)와 상담자(여성)의 면접 대화를 읽어보라.

W ‒ 오늘은 어떤 일로 오셨어요?

C ‒ (경증의 뇌성마비로 오른쪽 손과 오른쪽 발이 부자유) 대단히 어려운 이야기이지만, 오늘은 좀 성생활에 대해서 상담하고 싶어서 찾아왔어요.

아무래도 최근 우리들의 성생활이 잘 되어가지 않는다는 느낌이 들어서요(말 끝을 흐린다).

W ‒ 그래서요. 어서 말을 계속 하세요.

C ‒ (용기를 내어) 실은 저는 불감증입니다.

W ‒ 당신이 말하는 불감증의 의미를 좀 더 설명해 주시겠어요?

C ‒ 실은 난 지금의 남편과 연애결혼을 해서 3년이 되었지만,

최근들어 책 등에 쓰여있는 여자의 기쁨을 느끼지 못하고 있습니다.

W - 그렇다면, 오르가즘을 최근들어 느낄 수 없게 되었다는 말씀이군요.

C - 예, 그렇습니다.

W - 최근이라면 언제부터였습니까?

C - 약 1년 전부터입니다.

W - 그 원인이 무엇이라고 생각하십니까?

C - 1년 전에 첫 아이를 낳았습니다. 그리고 그 뒤로 쭉 느낄 수 없게 된 것 같습니다.

W - 그러면, 출산 전에는 오르가즘을 경험하고 있었겠군요.

C - 예, 그래요.

W - 좀 더 오르가즘을 경험할 수 없게 된 상황을 자세히 듣고 싶습니다. 출산 전에는 성교를 할 경우 오르가즘을 매번 경험했습니까? 그렇지 않으면 때때로 느끼는 일입니까?

C - 예, 몇 번이라기보다 2회 중 1회라고 말하는 쪽이 좋을 것 같습니다.

W - 그래서 어느 정도의 빈도로 성교를 했습니까?

C - 대개 1주일에 한 번이나 두 번 정도였습니다. 나는 어느 쪽이냐 하면 주 2, 3회 정도는 하고 싶었지만, 내 남편이 매일 밤 일로 귀가가 늦어지거나, 게다가 피곤해서인지 성관계를 하고 싶지 않아 하는 것 같아서….

W - 그럼, 당신이 성생활에 왠지 불만이었다고 말할 수 있겠지요.

C - 글쎄요, 그러고 보니 어딘지 부족한 느낌을 갖고 있었어요.

W - 그래서 임신하고 나서의 성생활은 어떠했나요?

C - 임신한 후 6개월 정도는 성교를 계속하고 있었는데요, 그후론 남편이 만약 유산이라도 하게 되면 큰일이라고 말하고는 성교를 그만두자고 말을 꺼낸 거에요. 게다가, 내가 보통사람과 다르기 때문에 신중하게 주의하는 쪽이 좋다고. 어쨌든 그가 걱정을 하고 있는 것 같기도 하고 왠지 걱정이 되어 자연히 성교를 중단한 거에요. 그리고 어린아이가 태어난 후에도 3개월 반 정도 전혀 성 관계를 가지지 않았어요. 지금은 제가 더 갑자기 소극적이 된 것 같고, 성교하고 있어도 도무지 느끼고 있지 않은 것 같고 왠지 불감증이 된 느낌이 들어요.

W - 성교를 하지 않고 있는 사이, 스스로 성욕을 느낀 적이 있었나요?

C - 예, 때론 스스로 관계를 갖기도 했지만, 한 번도 오르가즘은 경험하지 않았어요. 왠지 절정에 달해서 힘을 주거나 해서 유산이라도 하면 어쩌나 하고 생각한 거에요. 임신 중엔 남편에게도 요구한 적이 없었어요. 어쩐지 나쁜 느낌이 들어서… 출산 후는 어린아이를 키우느라고 정말이지 성생활에 대해서 그다지 생각지 않았지만요. 최근 갑자기 생각이 나서, 게다가 이대로 오르가즘을 경험할 수 없다고 생각하면 왠지 두려운 느낌이 들어서….

W - 그래서 당신이 생각하고 있는 불감증은 무엇이 원인이라고 생각하시나요?

C - 내 생각에는 아무래도 출산과 관련이 있는 것이 아닐까 생각합니다. 그러나 정말이지 제 자신도 잘 모르겠어요. 전날, 이러한 사실을 남편에게 이야기했더니 신체가 출산으로 인해 변한 것은 아닌가라고 하는 거에요.

W - 이 문제를 의사나 다른 사람에게 상담한 적이 있으세요? 또 최근에 의사에게 건강진단을 받은 적은 있나요. 그리고

그 결과는?

C - 건강진단은 받았는데요. 불감증에 관한 문제는 도저히 부끄러워서, 남자 의사선생님에겐 얘기할 수가 없었어요. 남편에게는 한마디 이야기한 것뿐이고, 친구에게도 얘기할 수 없었어요. 밖에서 보면, 일하는 남편과 귀여운 아이를 갖고 대단히 행복한 듯이 보일 거예요. 그중에는 내가 장애가 있는 것을 보고, 이런 좋은 가정을 가지고 정말로 감사해야 한다고 말하는 사람이 있습니다. 그 말을 들으면, 이런 문제를 걱정하는 것이 얼마나 바보인가라고 스스로에게 타이르고, 때로는 자신을 납득시키고 있습니다.

W - 그렇게 남에게 자신의 성에 관한 것을 털어놓는 것은 어렵고, 정말로 용기가 필요한 행동이에요. 그리고 문제가 있는 것을 느끼고 있고, 그것을 내버려 두지 않고 해결하려고 하는 것은 더욱 용기가 있는 행동이지요. 상담하러 잘 오셨어요. 그런데 당신이 경험하고 있는 문제는 그다지 이상한 일이 아니에요. 우리들 여성에게는 종종 일어나는 일이에요.

C - 그래요? 주간지 등을 읽고 있으면, 모두 문제가 없고 나만의 일처럼 생각되어서.

W — 그런데 오르가즘을 느끼지 않게 된 후 스스로 무엇인가 노력을 했습니까?

C — 아니오, 별로 이것이라고 할 만한 노력은 하지 않았어요. 육아에 매달려 있고, 남편도 일주일에 한 번 정도 자기만 만족하면 그것으로 아무런 불평 없이 있는 것 같아서….

W — 좀전에, 의사에게 진단받은 때는 언제였다고 했지요. 그리고 의사는 무엇인가 이상이 있다고 말했습니까? 지금 약을 복용하고 있는 거라도 있습니까?

C — 제가 건강진단을 받은 것은 꼭 1개월 반 정도 전이었지만, 의사는 건강하다고 말해 주었어요. '앞으로 아이들 3—4명 낳아도 끄떡 없다.'고 농담도 했어요. 그래서 약은 아무것도 먹지 않았어요.

(2) 현재의 문제 기술

현재의 문제 기술은 우선 내담자가 지금 무엇을 문제로 하고 괴로워하고 있는가라는 이야기부터 시작하겠다. 이것은 상담자와 내담자의 만남에서 시작되는 것이 보통이고, 앞으로의 도움 관계의 기초를 만드는 것이다. 특히, 상담자가 내담자와 처음

만남에서 주의를 하지 않으면 안 되는 것은 보통 상담을 해올 경우, 상담하는 것 자체에 불안감을 갖고 온다는 것이다. 양면 가치인 감정을 안고 있는 것이다. 따라서 상담자는 내담자가 정신을 차리고 자신이 현재 느끼고 있는 문제를 자유롭게 이야기할 수 있도록 하는 노력을 하지 않으면 안 된다.

특히, 인간의 사적인 성에 관해서 이야기할 때는 이상한 불안감을 안고 있음을 추측하지 않으면 안 된다. 전술한 내담자도 양면 가치적인 감정을 엿볼 수 있다. 그때, 상담자는 적절한 언어를 통해 내담자가 되도록 편안히 이야기할 수 있도록 배려해야 한다. 더욱이 상담자가 내담자의 문제를 한정하도록 노력해야 한다.

상기의 여성의 예를 보면, 그녀가 우선 불감증이란 언어를 사용하고 있다. 상담자는 이 말을 그대로 받아들이지 않고 이 여성이 사용한 불감증이란 어떠한 의미를 가지는 것인지 해명하는 노력을 하고 있다. 가령, 불감증, 성교 불능증, 조루 등의 말이 여러 장소에서 언급되고 있지만, 그 같은 말의 정의는 반드시 일치하지 않기 때문이다. 가령, 극단적인 예로 일부 여성은 오르가즘이란 숨을 할딱거림, 전광이 번뜩임, 결국은 실신하는 것이라고 생각하고 있는 사람이 있다. 이같이 책에 쓰여 있었다고 말하지만, 자기 자신은 그 같은 경험을 한 적이 없기 때문에 불감증이 아닐까 하고 생각한 사람이 있었다. 따라서 내담자의 문제정의와 상담자의 정의가 같은 것임을 명확히 할 필요가 있다.

이 예를 보고 왜 상담자가 이 여성의 문제인 오르가즘에 대해서 보다 상세히 설명을 요구하지 않았는가 하는 것을 말할 수 있다. 그러나 이때 중요한 것은 너무 상황에 맞춰 필요 이상의 지식을 무리하게 내담자로부터 얻을 필요가 없다는 것이다. 다음 기회가 있고, 처음부터 상세한 질문을 해서 필요 이상의 불안을 내담자에게 줄 필요가 없다고 생각된다. 여기에서는 내담자가 자기 스스로 오르가즘의 경험을 얻을 수 없다는 것을 불감증이라고 부르고 있는 것을 이해했다면 그것으로 충분하다고 생각된다.

이 사례는, 여성 상담자와 동성의 내담자이지만, 이것이 반대로 내담자가 여성, 상담자가 남성, 또는 그 반대로 남성 내담자와 여성 상담자, 더구나 연령이 비슷할 경우에는 그렇게 쉽게 자신의 성 문제에 관한 이야기를 할 수가 없을 것으로 생각된다. 가령, 남성이 성교불능증으로 고민하고 있다고 할 경우 그 일에 대해서 여성 상담자가 초면부터 자위행위할 때도 "발기하지 않나요?" 라고 묻는다. 주저없이 다음 면접에 임하기는 어려운 것이다. 따라서 여기에서는 우선 내담자가 지금의 문제를 어떻게 정의하고 있는 것일까라는 간단한 설명을 하는 것만으로 만족해야 한다. 상담자와 내담자가 하나의 말에 대해서 같은 의미의 생각을 하고 있다는 것을 아는 것으로 목적이 이루어졌다고 말할 수 있을 것이다.

(3) 문제의 기점과 경과

내담자의 문제가 일어난 것은 어느 정도 전의 일인지를 아는 것은 중요한 사항이다. 이 여성도 오르가즘의 경험이 한 번도 없었던 것이 아니고, 약 1년 전부터 문제가 일어났다고 이야기하고 있다. 이것은 문제 해결방법과 기대되는 결과에 따라 크게 영향을 준다. 오르가즘을 한 번도 경험한 적이 없는 여성보다 한 번이라도 경험한 여성이, 상담 후, 일반적으로 좋은 결과를 기대할 수 있다. 그러나 이 사례의 여성과 남편과의 성생활은 출산 전부터 남편이 일이 바쁘다는 이유로 만족한 성생활을 하지 못한 것 같다. 더구나 그다지 고민 없는 성 관계에서의 오르가즘도 약 50%라고 보고되고 있다. 그리고 이 여성의 사례에서는 임신을 이유로 남편이 장애인이라는 이유를 들어 성교 중지를 제의했다. 그것에 대해서 아내쪽도 잠자코 그 제의를 받아들이고 있는 것 같다. 이 여성의 문제는 아무래도 남편의 성 태도와 행동에 밀접하게 관련되어 있는 것으로 추측된다.

(4) 내담자가 보는 원인

위 사례의 여성은 오르가즘을 느끼지 않게 된 것은 임신과 출산이 동기가 되고 있다고 생각하고 있다. 그러나 그것이 불감증이란 문제와 어떻게 관련되어 있는가는 해명하고 있지 않다. 그리고 남편의 의견처럼 출산에 의해 왠지 신체에 변화가 생긴 것은 아닐까라는 생각도 하고 있는 것 같다.

내담자가 어떠한 것을 원인으로 보고 있는가를 아는 것은 중요한 일이다. 내담자의 생각을 앎으로써 도대체 어디에서부터 상담을 시작하면 좋을까에 대한 암시를 상담자는 제공받게 된다. 가령, 문제의 원인이 남편(또는 아내)에게 있다고 강하게 믿고 있는 사람에게, 당신 자신에게 있다고 말해도 대체로 그것을 받아들이려고 하지 않는다. 이와 같은 경우에는 남편(또는 아내)의 전적인 협력 없는 상담의 진전은 바랄 수 없겠지만 내담자가 생각하는 원인을 이해하기에 따라 그 사람의 생각을 알게 됨과 동시에 상담 방향의 암시도 받게 된다.

(5) 지금까지의 문제해결 노력과 그 결과

앞 사례의 여성은 의사에게 건강검진을 받은 결과 아무런 이상도 없었다는 것을 말하고 있다. 또한 약물도 전혀 복용하지 않았다고 말하고 있다. 그러나 자기자신의 불감증에 대해서는 의사에게도, 또다른 사람에게도 상담을 하지 않았다고 말하고 있다. 단 자기의 남편에게는 불감증에 관한 일을 털어놓은 것 같지만, 별로 명확한 답은 얻어내지 못한 것 같다.

상담자가 지금까지 내담자가 어떠한 도움을 받았는가를 아는 것은 중요한 일이다. 특히, 전문가의 도움을 받았을 경우, 그 결과 효과의 유무를 알 필요가 있다. 효과가 없었다면, 그 이유를 알아냄으로써 같은 착오를 되풀이하는 것을 피할 수 있기 때문이다.

특히 의사에게 건강진단을 받는 일은 중요하고 빠뜨릴 수 없는 것이라 생각된다. 여성의 경우는 산부인과 의사에 의해 성기를 포함한 전체적 신체검사를 받는 것이 바람직할 뿐 아니라 상담의 전제라고 생각한다. 그것은 성 문제를 심리적 원인이라고 단정하기 전에 생리적인 문제가 없는가를 확인할 필요가 있기 때문이다.

(6) 상담에 대한 기대

상담을 받을 경우 내담자가 대체 무엇을 기대하고 있는가를 처음에 명확히 할 필요가 있다. 가령, 상담을 통해서 자신의 결혼생활을 더욱 행복하게 하고 싶다거나, 성생활에 더욱 만족감을 맛볼 수 있으면 좋겠다 등의 단순히 행복해지고 싶다는 막연한 기대를 가지고 있는 사람도 있다. 더 명확한 예를 들면, 자신의 불감증과 남편의 성교불능증을 치료했으면 하는 기대와 목적을 가진 사람도 있다. 그 중에는 상담자를 마술사처럼 생각하고 자신의 고민해결을 일순간에 해주기를 기대하고 있는 사람도 있다. 중요한 것은 내담자가 기대하고 있는 것을 알아내고, 만약 그것이 막연한 것이면 가능한 한 현실적인 것이 되도록 해야 할 것이다. 이것을 하지 않고 상담을 하면, 나중에 내담자에게 전혀 기대 밖의 결과를 주기 쉽기 때문이다.

그러나 사람에 따라서는 자기가 찾고 있는 목적을 확실히 설명할 수 없는 경우도 있다. 그 이유는 확실히 자신의 성에 대해서는 이야기하기가 부끄럽다든지, 이 같은 것을 말하면 이상한 사람이라는 취급을 받지 않을까라든지, 여러 가지 이유가 있는 법이다. 이런 경우를 예측하고, 내담자가 혼자서 기입하는 간단한 질문서를 준비해 두는 것도 하나의 좋은 방법이다. 이것에 의해 내담자가 처음에 말로 설명하지 않고 끝날 수 있기 때문이다. 상담자는 이 용지의 답을 보고, 대체 내담자가 어떠한 것을 문제로 삼고, 무엇을 기대하고 있는가를 이해할 수 있게 된다.

이상과 같이, 처음 면접에서 내담자가 걱정하고 있는 문제가 무엇일까, 그 발생기점은 언제, 어떠한 상황이었던가, 그 문제를 내담자가 지금까지 어떻게 다루었는가, 그리고 지금 무엇을 기대하고 있는가를 이해할 수 있기 때문이다. 문제의 정의가 내려지면 그 문제해결을 위해 도움을 주는 것이 상담의 목적이다.

2. 특정 제안의 방법

'특정 제안' 방법이란, 내담자가 표명한 목적에 도달하도록 내담자의 행동을 변화시키는 원조기술이라고 생각하면 된다. 그러나 이 방법은 일정 시한과 한정된 문제라는 개념의 틀 속에서 사용되어지는 것으로 복잡한 부부 관계의 조정에는 부적당하나 단기간의 불감증, 성교불능증 등의 비교적 다수의 사람들이 고민하고 있는 문제해결에는 유효한 방법이다.

내담자의 성 문제해결에 대한 '특정 제안'을 할 때에 Amnon은 두 개의 격언을 염두에 두면 좋다고 말하고 있다. 첫 번째 격언은 "자기 자신의 소유물이 좋고 나쁨이 아니고, 그것을 어떻게 사용하는가가 보다 중요한 것이다."라고 하는 것이다. 많은 사람들이 은근히 자기자신의 신체의 일부에 열등감을 갖고 있는 것을 전에 설명했다. 가령, 자신의 음경이 너무 작다고 하는 열등감을 갖고 있기 때문에, 여성과 깊은 관계가 되는 것을 두려워하고 있는 사람도 있다. 또 여성인 경우 자신의 유방이 너무 크다, 또는 너무 작다고 은근히 고민하고 있는 사람도 있다. 특히, 신체장애인 중에는 자신의 신체상이 비뚤어져 있어 강한 열등감을 갖고 있기 때문에 아주 사회로부터 멀어져 가고 있는 사람도 있다.

이 격언의 메시지는 이 같은 열등감으로 고민하고 있는 사람들에게 인간이 성관계의 만족과 행복을 얻는 것은 그 사람의 소유물의 좋고 나쁨이 아니고, 있는 그대로의 자기 신체를 어떻게 사용하는가에 달려 있다고 하는 것이다. 가령, 사지 마비 장애로 손과 다리를 전혀 사용할 수 없는 사람이라도 입이나 혀 등 자유롭게 사용할 수 있는 부분을 최대한 사용할 수 있도록 해줌으로써 성생활의 만족감을 얻을 수 있다고 하는 것이다.

나는 이전에 척추장애인 부부가 모여서 성관계를 포함해서 자신들의 생활상의 문제를 서로 이야기하는 모임에 초대받아 참석한 적이 있다. 그때 종종 성생활에 대한 사람들의 이야기를 듣고 인간의 적응성에 크게 놀란 적이 있었다. 그 중의 한 사람은 사지 마비로 매일 휠체어 생활을 하고 있지만, 그 사람은 비장애인 부인과의 성생활을 다음과 같이 이야기하였다. 우선, 부인을 성적 기분을 느끼게, 한 시간 정도 여러 가지로 성적 자극이 되는 부인이 좋아하는 로맨틱한 이야기를 한다는 것이다. 이 이야기로 성교의 전희의 역할을 수행하고, 그 후에 침대에 누워 입과 혀를 사용하는 오랄섹스로 부인을 클라이맥스에 달하게 한다고 설명하였다. 그렇게까지 해서 성행위를 하지 않아도 되지 않을까 하고 생각하는 독자가 있을지도 모른다.

그러나 중요한 것은 이 같은 성행위를 함으로 해서 부부 생활이 밀접하게 되고 쌍방이 큰 만족감을 얻고 있는 것을 잊어서는 안 될 것이다. 아주 신체가 부자유스러워도 자기가 사용할 수 있는 '소유물'을 충분히 이용해 만족할 수 있는 성생활을 한다고 하는 것은 실로 이 격언을 그대로 실행하고 있는 것이라고 생각된다.

물론, 이것을 몇 번인가 내담자에게 반복하는 것만으로 그 사람의 문제가 해결되리라고는 도저히 생각할 수 없다. 그러나 어떤 사람들은 이 격언을 전문가에게 들음으로써 그 사람의 걱정이 어느 정도 해소되고 또 문제를 새로운 각도에서 보게 되는 것이다.

두 번째 격언은 "내일이 있고, 다음 번이 있고, 반드시 다음 기회가 있다"고 하는 것이다. 인간의 성 문제, 성 기능장애는 그 사람이 이따금 필요 이상으로 긴장하고 있는 경우, 불안감을 강하게 느끼고 있는 상태에 있을 때에 발생하기 쉬운 법이다. 한 번 '실패'하거나 하면, 그 일이 끊임없이 마음에 걸려, 다음에도 또 실패하는 것은 아닐까 하는 불안감이 더해지는 법이다.

불안감이 강하므로 또 실패할 확률도 높게 되고, 이 같은 다람쥐 쳇바퀴 도는 식의 형이 내포되어 있는 것이다. 실패 → 불안 → 실패 이런 식의 패턴이 이어지는 것이다. 예를 들어 설명하면, 사람은 비교적, 한번 성교불능증, 불감증, 조루 등을 경험하면, 그 문제에 전 신경을 집중하기 시작한다. 이번에는 실패하지 않도록 해야지, 이번에 실패하면 일생의 문제가 되는 것은 아닐까 하는 불안감이 점점 더 크게 되는 것이다. 그러나 이번에는 실패하지 않도록 해야지 라고 하는 태도가 필요 이상의 긴장감을 만들고, 도리어 실패로 끝나는 수가 많다. 따라서 이 같은 긴장감과 불안을 감소시키는 일을 이 격언을 통해서 배우게 하는 것이다.

"또 내일이 있고, 다음 번이 있고, 다음 기회가 있다"고 하는 태도가 생기면, 그 사람의 문제해결도 한 걸음 진전된다고 말할 수 있다. 이 격언을 내담자에게 몇 번이고 반복해도 그것이 태도의 변화에는 연결되지 않을 수 있다. 그러나 이 격언을 들음으로써, 자신의 문제를 새로운 각도에서 보는 것이 가능하게 된다.

보통 비장애인이나 장애인이 가지고 오는 문제는 여성의 경우는 불감증, 성교불쾌증이고 남성의 경우는 성교불능증, 조루가 대부분을 차지하고 있다. 그래서 이러한 문제해결 방법이 여러 가지로 연구되고 성 상담에 응용되고 있다. 이 '특정 제안'의 방법도 성기능 장애에 응용할 수 있게 되어 있으므로 그 방법을 설명하기로 하겠다. 먼저 성 기능장애를 증후군으로 나누어 보겠다.

<표 1> 성 기능 장애의 증후군

내 용	성 별	증 후
성 욕	남녀공통	1. 성욕부재 2. 적은 성욕 3. 성욕 과잉 (성교불능)
성적흥분	남 성	1. 음경발기불능 2. 음경발기 지속 불능 (불감증)
	여 성	1. 성적흥분불능 2. 성적흥분 지속 불능
오르가즘	남 성	1. 급속한 사정(조루) 2. 사정지체 3. 상대에게 사정불능, 질 안에서 사정불능
	여 성	1. 빠른 오르가즘 2. 오르가즘에 오르는 것이 어려움 3. 상대와 함께 있으면 오르가즘에 이르지 못함 4. 성교 중에 오르가즘에 달하지 못함
만 족 감	남녀공통	거의 혹은 전적으로 정서적 만족이 없다.
기타문제	남 성	1. 성교 중에 음경이 마취상태에 있어 무감각함 2. 성교중, 혹은 음경발기 중에 통증이 있음
	여 성	1. 성교 중에 질 혹은 골반에 통증이 있음 2. 질경
원 인	기질적 원인	1. 질병으로 인한 장애 2. 약물 3. 수술 4. 노령
	일차적 심리성 기능 장애	인간성장 발달기에 성에 관한 정신적 기후의 수용실패
	이차적 심리성 기능 장애	친밀한 인간관계의 갈등에 기인

1) 불감증에 대한 특정 제안

장애인이나 비장애인을 불문하고 여성 사이에서 종종 문제가 되는 것으로 불감증이라고 하는 것이 있다. 앞 예의 여성도 자신의 문제는 불감증이라고 말하고 있다. 불감증이란 대체 어떠한 것을 말하는 것일까? 불감증이란 성적 자극이 주어져도 성적 흥분을 하지 않는 또는, 성욕을 느끼는 일이 없는 증상을 가리킨다. 생리적으로 이 같은 여성은 성적 자극을 주어도 성기에 충혈이 일어나지 않고, 질의 안도 그다지 젖는 일이 없다.

불감증을 근본적 불감증과 이차적 불감증 두 종류로 나눌 수 있다. 근본적 불감증은 태어나서 한 번도 성적 흥분 또는 성감을 경험한 적이 없는 여성을 가리킨다. 이차적 불감증은 이전에 성적 반응을 경험한 적이 있지만, 어떤 이유로 그것이 상실된 사람을 말한다. 이차적 불감증은 가령, 결혼해서 2-3년 정도는 성적 흥분을 느끼고 오르가즘을 경험했는데 어떤 이유로 그것이 상실된 사람을 지칭하고 있다. 그리고 사람에 따라서는 때와 장소에 의해 성적 흥분을 느끼고 오르가즘을 경험할 수 있는 사람도 있다.

앞 예의 여성은 자신을 불감증이라고 부르고 있지만, 엄밀히 말하면 이 사람의 문제는 불감증보다 오르가즘의 기능장애라고 말하는 것이 좋을 것이다. 이 짧은 대화에서는 상담자도 이 여성이 어느 정도 성적 자극에 대해서 반응을 나타내고 성적 흥분을 하는가를 명확히 하고 있지 않다. 앞에서 이미 언급했듯이, 최근에는 성적 흥분과 오르가즘의 반응을 구별해서 생각하게 되었다. 따라서 불감증은 자극을 주어도 흥분하지 않고 또는 흥분을 지속할 수 없는 상태를 가리키는 반면, 오르가즘이란 다른 것을 가리키고 있다고 생각하면 된다.

(1) 불감증의 심리적 반응

불감증 여성의 심리적 반응을 생각해 보자. 남성의 경우는 불감증으로 발기불능이 되는 경우 심리적으로 큰 충격을 받는다. 그렇지만, 여성의 경우는 그 반응도 여러 가지에 따라서 변하게 된다. 어떤 사람에게는 큰 고민이 되고, 또 다른 사람에게 있어서는 단순히 어쩔 수 없다는 반응이 나온다. 종종 듣는 이야기로 단지 남자에게 자신의 신체를 빌려주고 있다고 하는 사람도 있다. 자신은 성적 흥분도 느끼지 않고 빨리 남자가 사정을 해서 끝내주기를 바라면서 마지못해 성교를 하고 있는 것이다.

　그런데 문제는 자신의 남편이 혼자서 즐기고 만족을 하고 있는 것을 보면서 자신은 아무것도 얻을 수가 없으면 결국은 욕구 불만이 증가하고 이것이 남편에 대한 원망으로 변해가는 것이다. 그러나 모든 불감증인 여성이 남편에 대해 또는 성교에 대해 혐오감을 품고 있는 것은 아니다. 어떤 여성은 이 같은 상태를 그다지 저항 없이 받아들이고 있는 것 같다. 대체로 이 같은 사람은 남자와 여성의 성적 욕망이 전혀 다른 것이고 여성은 성교를 하지 않아도 살아갈 수 있지만, 남자는 그것이 불가능하기 때문에 여자의 사회적 의무로서 남자의 성적 욕망을 만족시키는 것이라고 생각하고 있는 것이다. 그 외에도, 남편은 경제력을 가지고 있고 사회적 지위가 있으므로 자식을 위해서 등 여러 가지 이유로 자만하는 태도를 지속하고 있는 것도 생각할 수 있다.

　그러나 그 반면 여성의 성적 욕구 변화에 따라 이 같은 자만의 태도를 계속 가지는 사람의 수가 감소되고 있다. 더욱이 성교에 혐오감을 품고, 자만하고 있는 것을 알아차리지 못하는 사이 그 대가를 지불하기 쉽다. 이 말은 남편에 대한 혐오감과 자신이 이용되고 있다는 의식이 결국은 자기 증오로 전환되고 그 중에는 우울증에 빠지기도 하는 여성도 있다는 것이다. 그런데 이 같은 곤경에 처한 여성은 이 상태에서 어떻게 빠져나올 수 있을까, 그 방법을 알지 못하고 또 자신의 문제와 진실한 감정을 남편과 서로 이야기하는 것을 피하고 있으므로 자기 방어책으로서 침대에 가기 전에 남편과 필요없는 말다툼을 하거나 갑자기 병이 났다고 말하거나 해서 가능한 성교를 피하는 일 따위를 하고 있다.

(2) 불감증과 부부관계

한편, 남편은 아내의 불감증에 대해 여러 가지 다른 반응을 나타내는 것 같다. 어떤 남편은 아내의 불감증에 관한 문제를 별로 신경쓰지 않고 당연한 것처럼 생각하고, 자신만 만족하면 그것으로 좋다는 태도를 가진 사람이 있다. 그 반대로 아내를 만족시켜 줄 수 없으면 남자로서 한심하다고 느끼고 자신의 책임이라고 생각하고 괴로워하는 사람도 있다.

이 같은 남녀의 불감증에 대한 태도는 그 사회의 문화적 요인에 의해 결정된다고 생각된다. 대체로 사회에서는 남성이 능동적, 활동적 성행위 역할을 나타내는 것을 기대하고 있으므로, 남성의 성적 불능은 큰 문제가 된다고 생각할 수 있다. 그 반면, 여성의 역할은 남자를 즐겁게 해주고 아이를 낳는 것이 최대의 역할이라고 생각하는 경향이 있어, 여성 불감증의 문제는 남자의 경우 보다 가볍게 생각할 수 있다고 본다. 따라서 은근히 욕구불만을 다른 생활면에서 일으키거나 자만하거나 해서 결혼생활을 계속하고 있는 사람이 많은 셈이다. 한편, 이 불감증이 부부관계에 악영향을 주거나 자신들이 의식하고 있지 않은 영역에서 불감증의 욕구불만이 표면화되어 나타나는 경우가 종종 보여지는 경우도 잊어서는 안될 것이다.

여성의 성적 흥분이란 자율신경계 지배하에 성기의 모세혈관의 확장에서 비롯된다. 이와같이 자율신경계에 의해 조절되고 있어, 정서의 오르내림에 의해 그 기능이 방해되거나 한다. 누구나가 한 번은 경험한 적이 있는 것처럼 위가 소화작용을 하고 있을 때에 무엇인가 커다란 걱정거리가 있거나 굉장히 흥분해 있으면 소화불량이 되는 것과 같다. 위의 소화작용도 성적 흥분 작용과 마찬가지로 메카니즘이 활동하고 있다고 생각하고 있다. 따라서 남녀 모두 그 성 반응은 부정적 정서에 의해 방해받는다.

가령, 여성이 성교에 공포감, 혐오감을 갖고 있는 경우에 생리적 기능이 방해받아 반사적으로 성기의 울혈(鬱血) 상태가 만들어지지 않아 이 여성은 성적 반응을 나타내지 않게 된다. 이 성적 반응을 방해하는 부정적인 정서의 원인은 무엇일까 하는 것은 별로 중요하지 않지만, 그 강도에 의해 문제의 심도도 달라져 가는 것이다. 가령, 무엇인가 현실적으로 일어나고 있는 사항에 대한 불안이나 걱정도 생각할 수 있다. 그밖에 자신이 오르가즘에 달할 수 없는 것이 아닌가, 자신의 신체가 보기 싫다, 흉하다고 생각하고 걱정하는 등의 정서반응이 긴장감을 높이고, 성행위에 몰두할 수 없게 한다. 그러므로 성적 흥분이 일어나지 않거나 그것을 지속할 수가 없게 한다.

(3) 감각집중훈련

감각집중훈련이란, 마스터와 존슨에 의해 고안된 것으로 불감증이나, 그밖의 성적 문제에 최초로 적용된 것이다. 감각집중훈련 이론의 중심은 성교란 단순히 질과 음경의 성교가 아니고 남녀 신체의 모든 부분에 대한 사랑이라는 것이다. 이 감각집중훈련은 넓게 적용되므로 그 내용을 여기에서 설명해 두겠다.

우선, 상담하러 온 남녀에게 다음과 같이 지도를 한다. "집에 돌아간 후 방해받지 않을 때와 장소를 적당히 고르고, 샤워를 하고 둘이 함께 완전 나체로 침대로 가는 준비를 하세요. 그후 어느 쪽이라도 좋으니까 먼저 상대에게 신체를 애무당하는 사람을 정해주세요. 그것이 결정되어지면 애무당하는 사람을 침대에 눕혀 주세요. 애무하는 사람은 누워 있는 사람의 옆에 앉아 그 사람의 머리부터 발끝까지 서서히 양손, 입을 사용해서 애무해 주세요. 그러나 상대의 성기(여성의 경우는 유방을 포함)는 절대 대지 않도록 하세요. 애무받고 있는 사람은 애무받고 있는 감각으로 자신의 전 신경을 집중해서 절대로 다른 것을 생각하지 마세요. 특히, 애무받고 기분이 좋다고 느끼는 곳이 있으면 그것을 꺼리지 말고 전하도록 하세요. 또 상대의 애무가 너무 빠르다거나, 너무 거칠면 그것을 확실히 상대에게 전하세요. 애무받고 있는 동안에 상대가 피곤하다던가 시시하다고 생각지 말고 완전히 몰입하세요. 충분히 애무받았다고 생각하면 다음엔 역할을 바꾸어서 지금까지 애무받은 사람이 해준 사람에게 똑같이 해주세요."

이상과 같은 훈련을 하루 한 번씩, 3-4회 계속하도록 지시를 한다. 이 훈련의 성공, 비성공을 상담면접에서 상담자는 내담자와 서로 이야기를 한다. 이 감각집중훈련이 성공하면 또 다른 감각집중훈련을 지도한다. 처음 감각집중훈련에서는 성기, 유방을 애무하지 않았으나 이번은 그것을 포함해서 하도록 지도한다. 이 경우에 오르가즘이 일어나도 혹 일어나지 않아도 그것에 주의를 기울일 필요가 없다는 것을 강조한다. 애무의 요령은 처음 훈련과 같다. 이 훈련에서 강조되는 것은 서로의 커뮤니케이션과 서로를 분명히 아는 것이다.

감각집중훈련의 특징은 다음 사항으로 정리된다. 그 첫째는 성적 문제로 가령 불감증, 오르가즘, 기능장애, 성교불능증인 사람들이 오르가즘에 달하지 않으면 안 된다, 발기를 지속하지 않으면 안 된다는 식의 생리적 압박을 제거하는 일이다. 둘째로는, 성교를 질과 음경의 교접만으로 생각지 않고 신체 전체가 포함되어 있다는 생각을 가지도록 하는 것이다. 셋째로는 남녀가 평등한 입장에서 서로의 입장을 분명히 하므로 상대에 대한 반응과 만족감을 걱정할 필요가 없다. 이 말은 불감증 여성이 느끼는 자신은 남편에게 종속된 사람이고, 자신의 만족보다 남편에게 만족을 주어야 한다는 심리적 압박에서 해방되어야 한다는 것이다. 넷째로는 남녀의 성행위 중 커뮤니케이션을 촉구하고, 서로에게 지금까지 알지 못했던 성감대를 발견하도록 한다.

(4) 여성 상위의 성교 체위

여성의 불감증 원인이 복잡한 심리문제가 아닌 경우는 상기와 같은 감각집중훈련으로 여성의 성적 반응을 증가시킬 수 있다. 이 훈련이 성공적으로 끝나면, 다음으로 성교의 단계로 옮겨간다.

이 경우에도 중요한 것은, 성교로 오르가즘을 일으키는 것이 목적이 아니라는 것이다. 여성의 감각과 성적 감정을 불러 일으키는 것을 목적으로 하고 있다. 감각집중훈련을 한 후, 충분히 여성이 성적 흥분을 느끼면, 자신이 성교의 주도권을 잡도록 한다. 그런 다음 위로 향해 누워 있는 남성 위에 여성이 올라가 조용히 자신의 손으로 발기한 음경을 질 속으로 넣는다. 그리고 질 안에서 일어나는 감각에 정신집중을 하도록 한다. 감각을 느끼면서, 조용히 허리를 상하 혹은 옆으로 원을 그리도록 움직인다. 처음에 심하게 허리를 움직이지 않도록 하는 것을 잊어서는 안 된다. 자기 질 속의 감각을 높이는 것이 목적이기 때문에 자신이 모두 리드하는 것이 중요하다.

만약, 남성이 사정을 하게 되면, 서로가 일시 떨어지게 되기 때문에 사정하지 말고 남성이 쉬면서 여성을 손으로 애무해 주도록 지시한다. 이 활동을 여러 회 반복해서, 그 후 여성이 오르가즘에 달하고 싶다고 생각하면, 그것을 남성에게 전하도록 한다. 만약 여성이 오르가즘에 달하지 않게 되면 다시 성교를 시작해 남편이 사정을 해서 끝나게 된다. 많은 여성이 이같이 천천히 하는 놀이와 같은 성행위가 굉장히 자극적이라고 보고하고 있다. 중요한 것은 이 같은 훈련을 몇 번 반복하여 성적 감각을 높여가는 것이다.

2) 오르가즘 기능 반응장애

여성의 성 문제 중 가장 많은 것은 아마도 이 오르가즘 기능 반응장애라고 생각된다. 여기에서는 이 긴 말을 간단히 불기능이라고 하겠다. 이 문제는 여성이 아무리 성적 흥분을 느껴도 도저히 클라이맥스에 달할 수 없는 것을 가리킨다. 그러나 실제로 성기능장애는 앞의 〈표 1〉에 나타나 있는 대로 징후는 한 가지가 아니고, 4가지 정도가 있다.

여기에서는 절정에 달하지 않는 문제만을 고려하기로 하겠다. 오르가즘 불기능도 불감증과 마찬가지로 두 종류로 나누어져 있다. 근본적 불기능은 지금까지 한 번도 오르가즘을 경험하지 못한 사람을 가리키고, 이차적 불기능은 전에 한 번이라도 경험한 사람을 말한다. 어떤 여성 중에는 성적 흥분도 느낄 수 없고, 오르가즘을 경험한 적도 없는 사람이 있고, 그 반면 강한 성욕이 있고 성적 흥분도 충분히 있고, 음경이 질 속으로 들어가는 감각은 즐겁다고도 말하지만, 흥분 지속기에서 멈추기 때문에 도저히 절정에 달할 수 없다는 사람도 있다.
여기에서 오르가즘 발생에 대해 조금 고찰해 보고자 한다. 오르가즘이 어디에서 시작되는지 여성에게 질문한 경우, 어떤 여성은 음핵이라 답하고, 어떤 여성은 질 깊숙한 곳이라고 답하였다. 그 외의 여성은 성기 전체 중에서, 어디부터라고 특별히 말할 수 없다고 답한다. 실제로는 다분히 음핵의 자극에 의해 유발되어 오르가즘을 느끼는 것은 질 속이나 그 주변이라고 하는 것이 정설이 되어 있다.

따라서 여성의 성교와 오르가즘과의 관계의 이해를 하는 것과 더불어 다음과 같은 사항을 기억할 필요가 있다. 그 첫 번째로는 음핵의 자극이 여성의 오르가즘에 다분히 중요한 역할을 하고 있는 것이다. 질의 자극은 강한 감각을 일으켜도 오르가즘의 반사작용에는 아무래도 작은 역할밖에 수행하고 있지 않는 것 같다.

두 번째는 음핵 자극의 강도는 그 자극방법에 따라 다르지만 가장 강한 강도의 자극방법은 음핵에 직접적인 촉감적 마찰을 하여 음핵에 압력을 가하는 것이다.

셋째로는 여성이 오르가즘을 경험하는 데에 필요한 자극의 양은 개개인에 따라 천차만별이다. 같은 여성이라도 장소와 상태에 따라 필요량이 달라진다. 게다가, 오르가즘에 도달하는 과정에도 개개인이 큰 차를 나타내고 있다. 어떤 여성은 어떤 상태라도 빨리 절정에 달할 수 있지만, 어떤 여성은 상당히 오랜 강도의 자극을 음핵에 필요로 한다. 대부분의 여성이 이 두 개의 양극단 중, 어딘가에 위치할 수 있지만, 현재로선 이 같은 개인차의 원인이 어디에 있는지 확실히 알려지지 않고 있다. 다분히 생리적 차이와 심리적 억제 정도의 차이에 의해 이 같은 개인차가 나온다고 생각된다.

일찍 클라이맥스에 달하는 여성 가운데 소수는 신체적 자극없이 성에 대한 정황의 상상만으로 오르가즘을 경험한다고 한다. 이처럼 최극단에 속하는 사람들이 있는 것이 보고되어 있다. 그러나 대부분의 여성이 음핵의 자극과 남성 상위의 성교에 의해 오르가즘에 달할 수 있는 '보통' 부류에 속하고 있는 것이다.

긴 시간에 강한 음핵의 자극이 없으면 오르가즘에 달하지 않는 여성 중에는 음핵을 자극하고 있을 때에 스스로 무언가 상상을 하지 않으면 오르가즘에 달하지 않는다고 한다. 혼자서 음핵을 자극하면 오르가즘에 달하는데 남편이 옆에 있다거나 남편이 음핵을 애무하는 것으로는 안 된다고 하는 여성도 있다. 더욱이, 손으로 자극하는 것으로는 안되 전기마사지를 사용해야만 하는 사람도 있다. 게다가, 여성인구의 약 10%는 어떠한 방법을 사용해도 전혀 오르가즘에 달할 수 없다는 추측도 있다. 이 같은 폭넓은 여성의 오르가즘 기능반응을 생각하면, 대체 누가 보통이고 누가 이상한 것일까라는 물음이 가능하지만, 물론 거기에 대한 적절한 답은 현재로서는 없다.

(1) 특정 제안

오르가즘 불기능의 여성으로부터 상담을 받은 경우에 그 문제해결에 특별히 제안되는 방법에는 어떠한 것이 있을까? 물론, 척수장애인 등 하반신의 감각을 잃은 여성에게 건강한 여성이 경험하는 것과 같은 오르가즘은 불가능한 것이다. 이 같은 사람들에게는 다른 성적 만족감을 얻을 수 있도록 지도해야 한다. 이 같은 생리적 장애가 없는 여성은 잠재적으로 오르가즘을 경험할 수 있다는 가정 하에서 문제해결의 지도를 진행할 수 있다.

성 치료사인 카플랜(Kaplan)은 오르가즘 불기능 치료의 근본적 목적은 오르가즘 반사기능에 대한 불수의적 과잉조절을 감소시키거나 제거시키는 것이라고 말하고 있다. 그녀는 이것을 마치 변비치료방법과 같은 원리라고 말하고 있다. 변비는 반사작용을 불수의적으로 과잉조절하고 있기 때문에 일어나는 것이고, 오르가즘과 변비 쌍방의 치료는 우선, 이 문제로 고민하고 있는 사람들에게 특정의 반사작용에 따른 전조 감각에 모든 주의를 집중하도록 가르치는 것이라고 말하고 있다. 이것은 오르가즘의 경우, 오르가즘이 일어난 전조의 성적 감각이고 변비의 경우는 방편의 전조이고, 방편을 필요로 하는 감각인 것이다.

오르가즘 불기능인 여성은 이 같은 전조감각이 일어나면 무의식적으로 그 감각을 제거하려고 한다. 따라서 그 전조감각을 없애지 않도록 하고 그 감각으로 자신을 느끼게 하는 자연스런 흐름에 따라 자연적 결과로 끝나도록 지도받는다. 이것은 심리요법과 감각집중훈련 같은 실제적 방법을 이용해서 이 같은 여성이 심리적 억제에서 벗어나도록 도움을 주는 것이다.

가령, 뇌성마비 여성으로 조금 보행이 곤란하다고 하자. 척수장애와는 달리 완전히 감각을 잃고 있는 것이 아닌 사람이 오르가즘 불기능 문제를 갖고 있다고 하자. 이 같은 사람에게 상담 요청을 받은 경우, 그 사람의 성장과정에서 성에 대한 어떠한 태도를 심어주었는지를 알 필요가 있다. 비교적 부모에게 과보호를 받고, 또 성은 전혀 필요치 않고 위험한 것이라고 계속 교육 받았다거나 또는 자신의 신체가 불완전하고 바르지 않다는 감정을 내면화하고 있다면, 성교를 할 기회가 있어도 지금까지 강하게 억제하고 있던 내면화된 감정으로부터의 해방은 아주 어렵다고 생각된다. 더욱이 이 억제가 아주 무의식적으로 일어나고 있다는 것이 문제이다. 따라서 이 같은 여성에 대한 성 상담은 근원적으로 억제되고 있는 감정을 표면화하고 동시에 실제적 훈련을 통하여 지원하도록 해야 한다.

(2) 근본적 오르가즘 기능장애에 대한 제안

여성이 한 번도 오르가즘을 경험한 적이 없다고 하는 보고를 들은 경우, 먼저 상담자는 그 원인을 상세히 알아내는 일이 중요하다. 상담자가 우선 알아야 할 것은 이 여성이 심리적 억제에 의해 오르가즘을 경험한 적이 없는 것인지, 그렇지 않으면 충분히 성기를 자극하지 않았기 때문인지를 아는 것이다.

많은 여성이 후자의 문제 때문에 오르가즘을 경험한 적이 없는 경우가 있다. 이것은 자신의 성적 자극에 대해 알지 못하는 경우나 또는 남편이 어떠한 성적 자극을 하면 좋을지 몰라 일어나는 문제이다. 이 같은 경우의 문제해결은 비교적 쉽고 효과적이다. 다만 어떻게 해서 충분한 자극을 주면 좋은지 지도하기에 따라 오르가즘에 달할 수가 있다. 그런데 여성이 여러 번 자위행위를 시도하고, 또 남편이 그녀를 자극했지만 어느 쪽도 성공하지 못한 경우 근본적 오르가즘 기능장애가 있다고 보면 틀림없다고 생각된다. 이 근본적 오르가즘의 해결은 그렇게 간단한 것은 아니다.

여기에서 처음의 목적은 이 여성이 오르가즘을 경험할 수 있도록 노력을 쏟는 것이다. 오르가즘을 한 번이라도 경험함으로써 자신을 얻을 수 있고, 그것은 지금까지의 오르가즘 억제의 양식을 바꾸는 첫걸음이 되기 때문이다. 이유는 여성이 오르가즘을 경험하지 않으면 안 된다는 심리적 압박을 제거하고 그것과 함께 성교는 오르가즘만이 목적이 아니라는 생각을 갖게 하기 위해서이다.

(3) 자위행위

지금까지 한 번도 오르가즘을 경험하지 못한 여성을 지도하는데에 가장 손쉬운 방법이 자위행위의 방법을 가르쳐 오르가즘을 경험하게 하는 것이다. 자위행위에는 다음과 같은 특징이 있다.

첫째는, 밀실에서 혼자서 할 수가 있다. 종종 오르가즘 불기능인 여성은 남편이라도 옆에 있으면 곧 그것이 심리적 억압의 원인이 되기도 한다. 둘째로, 자위행위는 여성의 성적 자주성을 발달시키는데는 최적한 방법이다. 여성의 성 자각은 남성에 의해 주어진다고 했지만, 이 소극적 태도가 자주 오르가즘 불기능의 원인이 되었다. 최근 들어 자기 신체의 통제는 자기자신이 책임진다는 생각으로 자위행위가 성적 자주성 확립의 첫걸음이라고 생각하게 되었다.

그런데 문제는 여성이 자위행위에 대해 거부하는 태도를 갖고 있다는 것이다. 미국이나 일본에서도 어릴 때부터 여성은 자신의 성기에 손을 댈 수 없도록 교육받아 자위행위가 부모에게 알려지면, 질책받는 등 궁지에 몰리게 된다. 따라서 자위행위에는 대체로 불안과 죄의식이 수반되어 있는 것이다. 그러므로 상담자가 여성에게 자위행위를 하도록 지도할 때에 처음부터 자위행위를 하라고 하면 반감과 불안감을 높일 뿐이다. 곧바로 여성이 실행하는 것은 곤란한 일이다. 특히, 일본인이 최근에 와서 자위라고 하는 일본어를 사용하기 보다 '마스터베이션'이라던가 '오나니' 등의 외국어를 일부러 좋아하고 사용하는 것은 일본어가 주는 강한 충격을 완화시켜 줄 수 있는 하나의 수단이라고 생각한다.

이것이 미국에서는 외국에서 빌려온 말을 사용하지 않으니까, 그대신 '자기자극(self-stimulation)', '자기탐색(self-exploraton)'이라는 말로 대신 설명된다. 우선, 자기탐색이라는 것부터 시작하도록 지도한다. 처음에 거울을 사용하여 자기 신체의 각 부분의 점검부터 시작할 수 있는데, 여성이 자기 신체를 정밀히 본적이 없는 경우가 있기 때문이다.

신체의 각 부분을 점검한 후, 이번에는 손으로 신체의 각 부분을 머리 위에서 발가락에 이르기까지 만지거나 쓰다듬거나 그 감각을 맛본다. 이 경우 그 감각에 계속 집중해 있는 것이 중요하다. 이 훈련은 목욕하고 있을 때 비누를 몸에 바르게 해서도 할 수 있는 일이다. 그 다음에 유방 주변과 성기 탐색을 하고 어디를 어떻게 대면 어떠한 기분이 되는지 알도록 한다. 예를 들면, 음핵을 어떻게 자극하면 가장 기분이 좋은지 우선 발견하고 그 방법을 가지고 자기자극을 계속하도록 한다. 자극을 주고 있는 동안에 어느 정도의 성적 흥분상태에 달하면 갑자기 불안감에 싸여도 그것을 떨쳐버리고 계속할 필요가 있다. 이와 동시에 오르가즘을 경험할 수 있도록 하복의 근육을 수축시키는 운동을

한다. 이 운동이 더욱 성적 긴장감을 초래해 오르가즘에 달하는
데 도움이 된다.

이같이 손가락을 사용해 음핵, 질 주변에 자극을 가하고 오르
가즘을 경험할 수 있도록 지도를 하지만, 그 중에는 자극이 충
분하지 않아 오르가즘에 달할 수 없는 사람이 있다. 그 경우에
는 전기마사지를 사용하도록 해준다. 전기마사지기는 가장 강
한 자극을 주어 효용이 높지만, 그 반면 이 기구를 사용하지 않
으면 오르가즘에 달할 수 없는 '중독' 상태가 된다. 따라서 한 번
전기마사지기를 사용해서 오르가즘을 경험하면 반드시 다른 방
법을 찾아서 오르가즘을 경험할 수 있도록 지도한다.

(4) 근육수축훈련, 케겔르 방법

오르가즘은 치부미골근과 질 주변의 근육수축작용에 의해 일
어난다고 생각되므로 너무 근육을 느슨히 해서는 오르가즘은 일
어나지 않는다. 많은 오르가즘 불기능 여성이 자기근육이 느슨
해 경련하지 않는 것은 아닐까 하는 의문을 가지고 있다. 따라
서 오르가즘 불기능인 여성에게 근육의 수축력을 강화하는 훈련

을 지도한다.

이 방법은 아놀드 케겔이라는 의사에 의해 고안된 것으로 처음은 출산 후에 방광의 정부 주변의 근육이 약해져서 때때로 요수(尿水)를 쏟는 여성에게 처방된 방법이었는데 그것이 뜻밖에 질 주변의 근육이었기 때문에 지금까지보다 성 만족감이 높아졌다고 보고하는 여성이 많은 것이다. 그 이후, 여성의 질이 근육 수축력을 강화해서, 성교 중에 질의 감각을 증가시키는 방법으로써 지도하게 되었다.

이 근육의 소재는 비교적 쉽게 알 수가 있다. 여성이 화장실에서 방뇨할 때에 우선 두 다리를 크게 벌리도록 하고, 조금 방뇨한 후 바로 멈추는 운동을 해본다. 이 운동작용의 통제를 하는 것이 치부미골근(P.C) 통제이며, 이 근육이 질 주변에 있는 근육이다. 이 근육을 찾아내는 요령은 두 다리를 크게 벌려야 한다.

이 근육의 소재를 알면 방뇨를 하다가 멈추는 방법으로 근육

수축훈련을 시작한다. 우선 하루 여섯 번 정도, 한 번의 훈련으로 근육을 1, 2초씩 10회 정도 수축 또는 이완시키는 것이다. 하루 여섯 번이란 것은 6회 방뇨를 하라는 것이 아니다. 같은 요령으로 남이 알아채지 못하게 연습하는 것이다. 이것을 일주일 반복하면 이주째에는 하루 10회로 증가시킨다. 효과가 생기면 여성이 훈련 후에는 '따뜻한 감각'이 없다고 보고하고 있다. 이 질의 지각은 오르가즘을 경험할 수 있는 첫걸음이 되기 때문에, 전에 기술한 방법과 함께 여성에게 알려준다.

(5) 혼자서 오르가즘 성교에 대한 이행

지금까지 여성이 혼자서 오르가즘을 경험하는 방법을 서술했지만, 여기서 문제가 되는 것은 혼자서 오르가즘을 어떻게 성교로 이행시키는가 하는 것이다. 혼자서 자위행위를 함으로써 자기 주변에서 일어나는 억압을 방어할 수 있다.

자기 혼자이면 자극하는 데에 오랜 시간이 걸려도 누구도 걱정하는 일이 없다. 남편에게 장시간에 걸쳐 자극받는 것은 무리한 일이다. 우선, 여성 스스로 오르가즘에 달할 수 있도록 하고 거기에 필요한 시간이 단축되면 남편을 성행위에 동참하도록 한다.

이 방법에도 여러 가지의 제안이 있다. 그러나 이때 부부관계가 잘 되어가는지 어떤지를 염두에 두고 알려줄 필요가 있다. 가령, 여성이 혼자서 독방에서 오르가즘을 경험할 수 있게 된 후, 다음에는 남편이 보고 있는 곳에서 같이 오르가즘을 경험하기 위한 자신을 갖기 위함이다. 그러기 위해서는 주위로부터의 억압을 극복할 필요가 있기 때문이다. 그러나 이 방법을 반드시 모든 여성이 시도할 필요는 없다. 혼자서 오르가즘을 경험할 수 있으면, 그 다음에는 남편에게 성기의 자극을 받아 오르가즘에 달하도록 하면 좋다.

이 경우에 여성이 주의할 것은 자기 자신의 행동, 모습을 객관적으로 바라보거나 비판하지 않는 것이다. 또, 언제 오르가즘에 달하는지, 남편이 알아채지 않는지 걱정하지 말고 완전히 자기 중심주의가 되고, 자기의 감각에 집중하고 감촉을 충분히 즐기도록 하는 것이다.

3) 고통이 따르는 성교

여성이 종종 경험하는 문제로 성교불쾌증이 있다. 이 문제는 성교 때에 질 속에 고통을 느끼고 이상감각이 따르는 경우이다. 이것은 대부분 직접 또는 간접적으로 생리적 원인에 연관되어 있으므로 필히 부인과의 진단과 치료를 필요로 한다. 이 문제를 방치해 두면, 결국은 더욱 심각한 질경이라 불리는 상태로까지 발전해 간다. 이 질경은 음경이 질 내에 들어가는 것을 자발적으로 방어하는 상태를 말한다. 이 문제의 해결은 부인과 의사의 치료에 의해 가능하다. 그렇지만 의사가 아닌 상담자도 도움을 줄 수 있다.

그 첫째가 성교불쾌증의 예방이라는 것이다. 예를 들면, 미국에서는 여성이 곧잘 사용하는 질의 세정제 등에 알레르기 반응을 보이고 이것에 의해 질의 주변이 짓무르게 되고, 그것이 결국은 염증으로 발전하는 경우가 있다. 여성의 성기가 가랑이 사이에 있는 관계로, 그것이 염증의 원인이 되기도 한다. 특히, 신체장애가 있는 여성은 수족의 부자유스러움으로 위생관리를 혼자서는 충분히 할 수 없는 경우가 있어, 질 주변의 염증을 일으키거나 한다. 따라서 상담자가 염증방지 등의 교육적 역할을 할 수가 있다.

음경이 삽입될 때, 고통을 호소하는 여성이 있으면 상담자는 대체 그 고통이 있는 것은 질의 어느 부분인지 또는 어떠한 상태로 고통을 느끼는지 성교 체위 따위의 정보를 우선 얻을 필요가 있다. 그것에 의해 부인과 의사에게 송치하고 진단을 받도록 제안한다. 그러나 질 주변이 자주 짓물러 의사의 치료를 받았는데도 똑같은 문제가 되풀이되어 일어날 때는, 전술의 알레르기 반응이나 위생관리의 문제가 있다고 생각하고, 그 원인을 밝혀내어 예방하도록 지도한다.

둘째로, 상담자가 할 수 있는 일은 부인과의 치료를 받은 후에 질경과 같은 심리적으로 나타나는 증상의 해결을 원조하는 것이다. 이것은 생리적으로 상처가 치유되어 있어도 상처 자국에 닿거나 하면 아프다고 느끼는 심리적 작용과 같은 것이다. 그러므로 닿아도 아프지 않다고 하는 심리상태를 만들기 위한 원조가 필요하다.

이 콤플렉스 제거의 방법은 비교적 간단하다. 그러나 특정 제 안을 하기 전에 상담자가 알아야 할 것은 이 여성이 정말로 성 교를 원하고 있는지 그렇지 않은지에 대한 것이다. 부부관계에 서 나쁜 성교를 원하는 사람은 없겠지만 그 중에는 남편 또는 누군가 다른 사람의 권유로 질경의 해결을 상담하러 오는 사람 이 있는데 사실은 질경을 이유로 성교를 계속 거부하고 싶다고 생각하고 있는 여성이 있다. 이 같은 사람에게는 부부관계의 조 정이라는 것부터 상담을 시작하지 않으면 질경의 해결은 되지 않는다.

반대로, 본인이 성교를 하고 싶다는 동기가 있어도 고통이 두 려워서 성교가 잘 되지 않는 여성이 있다고 한다. 이 사람의 콤 플렉스 제거방법이란 오래된 상처를 조금씩 건드려 아프지 않도 록 조절해서 자신을 가질 수 있는 방법의 원리를 이용하는 것이 다.

산부인과에 가면 이 치료에 사용되는 기구로 작은 것에서부터 두꺼운 플라스틱 막대기 같은 것이 있다. 그것을 차례차례로 질 에 삽입해 아프다는 심리적 콤플렉스를 조금씩 제거하도록 한다. 그러나 이 같은 플라스틱을 사용하지 않아도 자기의 손가락이 같은 역할을 해준다. 우선 마음을 편히 안정시키는 것을 배운다. 정신적 긴장은 이 같은 훈련에는 금물이다. 더욱이 질의 속을 느슨히 하거나 긴장시키거나 하는 운동을 해본다. 이렇게 함으로써 자기의 질을 통제하는 것을 배우고 그것에 의해 자신을 얻을 수가 있다.

그후, 손톱을 짧게 깎고 비누로 잘 씻고, 새끼손가락에 우선 소독된 윤활제리를 바르고 매끄럽게 해서 손가락을 질 속에 삽입한다. 그때에 질 입구의 근육을 느슨히 하는 것을 잊지 않도록 한다. 삽입한 후, 손가락을 조용히 움직여 본다. 불쾌감이 없어질 때까지 반복한다. 새끼손가락으로 하는 것이 익숙해지면 굵은 손가락으로 옮겨 결국은 두 개의 손가락, 세 개의 손가락으로 차례를 옮겨 손가락의 굵기를 더해 간다. 이것을 계속 반복하면 손가락을 자유롭게 넣어도 전혀 고통도 불쾌감도 느낄 수 없게 될 것이다. 이 훈련 후 충분히 자신이 생기면 성교로 옮겨도 상관없다. 그러나 아직 자신이 없는 경우에는 남편에게 같은 행위를 반복해 요청하는 것이 좋다. 이렇게 할 때 스스로 하는 것과 다른 사람이 하는 것에서 서로 다른 심리적 반응을 경험하게 되기 때문이다.

성교를 할 경우는 여성 상위의 체위를 사용한다. 남성의 음경에 윤활제리를 잘 바르고 매끄럽게 해둔다. 그후, 여성이 자기 손으로 음경을 질 속에 살며시 삽입한다. 익숙해지도록 하는 것이 목적이니까 한 번 삽입하고 또 밖으로 꺼내 또다시 삽입하는 것을 반복한다. 이 같은 훈련을 한 번에 할 필요는 없고, 이 과정을 수차례 나누어 하면 좋다. 질의 고통, 불쾌감이 없으면 우선 여성이 마음 편히 허리를 움직여 본다. 그것이 잘 되면 여성과 남성 쌍방이 허리를 움직이는 것을 시도해 본다. 언제나 염두에 둘 것은 이번에 잘 되지 않아도 다음 번이 있다고 하는 것이다.

상담자가 알아두어야 할 것으로 부부관계의 악화가 이 질경에 의해 일어나는 경우가 있다는 것이다. 이것은 질의 고통 때문에 성교를 아내가 거절하면 사정을 잘 모르는 남편은 단순히 성교가 싫어서 거절하는 것으로 오인하거나 또는 자기를 거부하고 있는 것으로 의심할 수 있다. 특히, 부인이 병원에 다녀서 생리적 문제가 치유된 후에도 고통을 이유로 거부를 계속 하면, 남편은 점점 자기에 대한 거절이라고 생각할 수 있으므로 아내에게 협력하도록 상담자가 원조할 필요가 있다. 이 문제가 어떠한 성격의 것인지, 그 기점, 심리적 반응, 또 앞으로의 치료방법 등을 남편에게 설명함으로써 남편의 협력을 얻는다. 상담자는 어떠한 성 문제도 대부분의 경우, 부부의 협력 없이는 좋은 해결을 할 수 없다는 것을 간과해서는 안 된다.

4) 음경발기 불기능

음경발기 불기능에 대해서는 앞에서 언급했으므로, 여기에서 그 원인에 대해서 반복할 필요가 없다고 생각한다. 음경발기 불기능에는 심리성과 기질성의 원인이 있고, 현재 상담을 받으러 오는 사람들의 대부분이 심리성 음경발기 불기능이라고 추정되고 있다. 그러나 실제로는 연구가 거듭됨에 따라 처음에 심리적 원인이라고 생각한 문제도 신체적, 생리적 장애작용이 있기 때문인 것을 알았다. 가령, 당뇨병만을 생각해도 약 200만인 환자의 반수가 병의 결과 혈액 공급이 음경에 가지 않아 음경발기불기능이 되어 있다고 추정되고 있다. 그 외에, 병 또는 장애에 의해 부교감신경, 교감신경의 손상, 호르몬 분비의 이상 등에 의해 음경발기 불기능이 된 사람들이 많다.

아내의 배반과 이혼으로 정신적 타격을 입은 남성의 예이다. 그는 장기간에 걸쳐서 우울상태가 되어 자기와 타인에 대한 불신감으로 고민하였다. 이혼 후, 9개월 지나 친구에게 권유받아 독신자가 모이는 바(bar)에 간 것이다. 그 때에 한 적극적인 여성과 만나서 의기투합해 권하는 대로 여성의 아파트를 방문하였다. 그곳에서 성교를 하게 되고 처음에는 발기가 잘 이뤄졌고 강한 성적 흥분도 느꼈지만, 여성의 질에 삽입하려고 했을 때에는 급격히 발기가 되지 않는 것이었다. 이것은 그에게 지금까지 없었던 경험으로 무척 당황스러웠다고 한다. 한번 잃은 발기의 재생을 시도했지만 전혀 효과가 없었다. 이 경험으로 그는 놀라고 불안이 급증해 부끄러워 허둥지둥 아파트를 나왔다.

물론, 이 여성과는 두 번 다시 만날 기회가 없었다. 1개월 후에 다른 여성과 성교할 기회가 있었지만, 그때도 지난번의 실패가 떠오른 순간 전과 마찬가지로 발기를 상실했다고 보고했다.

그후로는 점점 문제가 심각하게 진행된 듯이 느껴지고, 지금의 약혼자와 만났을 때도 처음에는 성교를 피하고 있었는데 사이가 깊어짐에 따라 결국은, 자신의 문제를 약혼자에게 털어놓았다고 한다. 거기에서 두 사람은 성교를 시도했지만, 전과 마찬가지로 실패로 끝난 것이었다. 그 원인은 또 실패하는 것은 아닐까 하는 불안이 끊임없이 마음에 남아 있었기 때문이다. 그의 약혼자가 걱정하지 마라, 곧 문제가 해결된다는 태도를 보여 주고 있었지만, 그는 실패를 창피하게 생각하고, 약혼자에게 거부당하게 되는 것은 아닐까 하고 고민하고 두려워하였던 것이었다. 그는 의사에게 건강진단을 받았지만, 전혀 이상이 없고 약물도 전혀 복용하고 있지 않았다. 따라서 그의 문제는 심인성 성기발기 불기능이라고 생각했다.

(1) 심인성 성기발기 불기능의 제안

우선 상기와 같은 예의 심인성 성기발기 불기능인 사람에게 주는 메시지는 많은 남성이 어떤 때, 어느 장소에서 한 번 정도는 반드시 발기 불기능을 경험한 적이 있다는 것이다. 따라서 인간의 불안감이 얼마나 발기에 악영향을 주는지를 설명하겠다. 또한 불안과 실패의 악순환이 어떻게 작용하는지도 설명하겠다. 이 경우에 단순히 추상적인 설명이 아니고, 내담자에게서 실제로 일어난 상황을 예를 들어 설명하는 것이 효과적이다.

이 예의 남성의 경우 다음과 같은 것을 말할 수 있다. 우선 이혼에 의한 큰 충격을 받고 자기의 남성적 가치에 대해 자신감을 잃고 있었던 때에 전혀 알지 못하는 여성과 미지의 장소에서 더구나 술에 취해 있을 때에 성교를 시도해 뜻밖에 실패로 끝난 것이다. 그것을 자신이 불기능이 되었다고 생각하고 점점 자신감을 잃어버린 결과가 되었고, 그것이 계속 머리에 있으므로 악순환이 시작된 것이다. 우선 이 같은 설명을 내담자에게 해줌으로 해서, 이 남성이 자기의 문제를 다른 방향에서 보게 되고 그것에 의해 불안감의 감소에 일익을 담당하게 된다.

(2) 초점이행

상담원리의 하나로서 '초점이행'이라고 하는 것이 있다. 이것은 성교발기 불기능 등의 문제가 있으면, 그것에만 주의를 집중하게 된다. 그런데 이것이 도리어 역결과를 초래하는 원인도 된다. 따라서 성교발기 불기능에 집중되고 있는 주의력을 타인에게 이행시키는 것이 하나의 방법이다. 전에 두 개의 격언을 서술한 것을 독자는 기억하고 있을 것이다. "다음이 있고, 다음 때가 있고" 그리고 "자기의 소유물을 유용하게 사용하라"고 하는 것이었다. 이 두 가지의 격언을 응용하면 이번에 발기하지 않아도 다음 번이 있으니까, 또 일시 성교발기 불기능이라도 다른 방법으로 성행위를 즐기도록 하라는 메시지가 된다. 이것은 발기한 음경과 질의 교접만이 성행위가 아니고, 그밖에 서로의 성적 만족을 얻는 방법, 즉, 발기한 음경을 이용할 수 없으므로 손, 발, 입, 혀 등을 잘 사용함으로써 성적 만족을 얻는 것이 가능하다는 메시지를 주는 것이다.

자기의 주의력을 발기에서 다른 것으로 옮김에 의해, 보다 느긋한 마음으로 자연스럽게 흥분조직체를 다시 활동시켜 발기불기능을 치료할 수 있음을 생각할 수 있다. 물론, 이 초점이행은 영구히 발기불기능인 상태에 있는 신체장애인들에게 성교 이외의 성행위를 가르치는 것 이상으로 중요한 의미가 있다.

(3) 밀어넣기

이 '밀어넣기'란 문자 그대로 음경을 질 속에 넣는 것을 가리키고 있다. 일시적으로 발기불기능의 음경도 질 속의 감각을 느낄 수 없는 것은 아니라는 이유에 의해서이다. 우선, 전희를 즐긴 후 충분히 성적 흥분을 하고 있을 때에 부드러운 음경을 질 속에 넣는다. 음경을 삽입한 후 마음을 느긋하게 하고 차분히 질 속에서 감촉을 즐기도록 한다. 중요한 것은, 남녀 쌍방이 감각을 즐기는 것으로 그밖에 다른 목적은 없다. 만약, 본인이 조금이라도 불안감을 경험하면 이것을 중지한다. 반드시, 다음 번이 있다는 것을 잊어서는 안 된다.

이것의 목적은 질 속에 삽입한다고 하는 행위의 불안감을 극복하는 것이다. 일시적 심인성 발기불능이 질 삽입시점에서 불기능이 되는 경우가 많으므로, 그 시점의 불안감 제거를 목적으로 하고 있다. 질 속의 부드러운 음경도 그 감촉에 의해 기대하지 않았던 발기가 일어나는 경우가 있으므로 질벽과 음경의 마찰이 늘어나도록 조용히 허리를 움직이도록 지시해 준다.

(4) 자위행위

성교 상대가 있는 경우는 전 항목과 같이 성교발기 불기능에 집중되었지만, 독신으로 성교의 상대가 없는 경우는 다음과 같은 방법이 있다. 이것은 자위행위를 하는 방법이다. 이 방법은 남성이 어느 정도 자기 자극으로 발기가 가능하는가에 의해 결정된다. 우선, 성적 흥분을 하는 것이 곤란한 사람, 조금밖에 흥분되지 않는 사람, 또는 자기 자극으로 발기 가능한 사람으로 자신이 무엇이라도 좋으니까, 성적 흥분을 느낄 수 있는 활동을 하도록 지시한다.

예를 들면, 에로틱한 영화를 본다, 에로책을 읽는다, 에로사진을 보고 성교를 상상하는 것 따위로 그것과 동시에 자기가 좋아하는 방법, 또는 쾌감을 얻을 수 있는 방법으로 자위행위를 한다. 그중에는 발기 없는 사정가능한 사람이 있으니까, 그같은 사람에게는 사정하지 않도록 주의를 해둔다. 이것은 발기 없이 절정에 달한다고 하는 사실에 치우쳐 버리는 것을 막기 위함이다. 조금이라도 발기할 수 있는 경우는 조금 딱딱해진 상태로는 사정하지 않도록 주의를 준다.

막상, 자기 자극에 의해 음경이 조금 딱딱해진다고 하자. 그때에 만약 본인이 오른손잡이라면 오른손으로 잡고 있는 음경을 왼손으로 바꾸어 쥐고 자극을 계속한다. 또, 왼손잡이라면 같은 식으로 오른손으로 바꾸어 쥐고 자극을 계속한다. 이 손을 바꿈으로 해서 자기의 음경이 보통보다 크게 느껴지고 보통 경험하고 있는 감각과 달라지고, 그것이 음경자극 증가에 도움이 되기 때문이다. 이렇게 해서 발기 빈도를 높이는 노력을 한다. 그리고 사정도 그 단계에 맞춰 하도록 한다. 반대로 무슨 이유로든 일정 단계에 달할 수 없는 경우는 자위행위를 일시중지한다. 다음 번이 있다는 것을 잊지 않도록 하는 것이다.

이 자기 자극으로 발기가 가능하게 된 사람에게는 다음의 지시가 주어진다. 자위행위를 하고 있을 때에 여성과 성교하고 있는 상상을 하도록 지시해 준다. 또한 그때 자기의 음경이 딱딱하다는 상상을 하도록 지시해 줌으로써 음경을 딱딱하게 발기하게 하는 것이다. 이와 같이 사정에 대한 것을 여러 번 되풀이해서 상상해 명확한 이미지가 마음에 새겨지게 되면 실제의 성교에 있어서와 같은 결과가 얻어질 확률이 높아지게 된다.

이상의 경우는 성교 상대가 없는 사람에게 주어지는 지시이다. 그렇지만, 같은 방법을 상대가 있는 사람이 사용해도 전혀 상관이 없다.

(5) 여성의 협력

남성이 성교발기 불기능으로 고민하고 있는 경우에는 역시 중요한 역할을 담당하는 것은 여성의 태도라 할 수 있다. 특히, 결혼한 남성의 성교발기 불기능 문제해결에 여성의 최대한의 협력을 필요로 하고 있다. 우선, 여성에게 기대되는 것은 성교발기 불기능이 남성에게 주는 의미에 대한 이해이다. 음경발기라고 하는 것은 남성에게 있어 대단히 중요한 의미가 있는 것이므로 처음에 성교발기 불기능을 경험한 남성에게 결코 '칠칠치 못하다', '남자답지 않다' 등의 힐책을 삼가야 한다. 소심한 남자는 이 같은 말 한마디로 만성 성교발기 불기능이 될 소지가 있다. 성교발기 불기능은 남성 누구에게라도 한번은 일어나는 문제이고 성적 만족을 하는 데에 반드시 발기한 음경이 질 속에 들어가지 않아도 좋다고 하는 태도를 여성이 가질 수 있도록 상담자는 도움을 줄 필요가 있다. 더욱이 성교발기 불기능의 치료에 최대의 협력을 하도록 하고, 하룻밤에 치료를 한다고 하는 기대를 하지 않도록 여성에게 설명할 필요가 있다.

또한, 어떠한 성교 체위가 음경발기 촉진에 적절한가를 지도할 필요가 있다. 가령, 불완전하게 발기하고 있는 음경을 아래쪽으로 밀도록 압력을 가하면 자극이 증가해 음경이 보다 딱딱해지는 것이다. 또 음경의 뿌리부분을 자극하도록 하면 두터운 혈관에 압력을 가하게 되고, 음경 속에 고인 혈액을 유지하게 된다. 따라서 남 상위, 여 하위의 성교 체위에서는 여성이 허리 아래에 베개 같은 것을 두어 질의 위치를 높이도록 한다. 음경이 질에 삽입된 후 여성이 전후로 허리를 움직이도록 하면, 음경의 후방에 압력이 가해져 발기를 촉진한다. 그밖에, 여성 상위의 체위라도 여성이 허리를 똑같이 움직이게 해서 불완전한 음경의 발기를 더 촉진할 수가 있다.

이미 언급해 두었지만, 성교발기 불기능이라도 감각집중훈련부터 시작하면 좋은 결과가 기대될 수 있는 것이다. 이 경우도 여성의 충분한 협력을 필요로 하고 있다는 사실을 잊어서는 안 된다.

5) 사정에 관한 문제

비장애인, 장애인을 불문하고 많은 남성이 경험하는 것으로 사정의 조루라고 하는 문제가 있다. 그 반대로 수는 적어도 사정 지연 문제를 가진 사람도 있다. 또 척수장애인 중에는 전혀 사정할 수 없는 사람도 있다.

복지시설 등에서 활동하고 있으면, 때때로 이같은 문제로 상담을 해오는 경우가 있지만, 그같은 경우 어떻게 대답하면 좋을지, 그 치료 방법을 짧게 설명을 해두겠다.

(1) 조루를 어떻게 생각하는가?

성적 흥분을 할 수 없는 성교발기 불기능의 생리학적 이유는 알고 있지만, 어째서 자신이 생각하기 전에 사정을 해버리는지에 대한 생리학적 이유는 불명확하다. 이 조루라고 하는 것은 남성의 사회적 지위, 교육, 결혼생활의 행·불행을 불문하고 많은 남성 사이에서 빈번히 일어나는 문제이다. 여기에서는, 조루의 정의란 도대체 어떠한 것일까? 가령, 성적 흥분을 느껴 음경을 질에 삽입하기 전에 사정을 해버리거나 질에 삽입하고 나서 수초 내에 사정을 하는 등 여러 가지 다른 상태를 생각할 수 있다.

성 치료자인 카플랜(Kaplan)의 정의를 빌리면, 조루란 자신의 사정반사의 자주적 통제가 되지 않기 때문에 한번 성적 흥분을 하면 사정을 빨리 하는 상태를 말한다고 설명하고 있다. 그러나 이와 같은 정의는 대단히 막연해서 조루의 문제를 정확히 제시하고 있지 못함을 알 수 있다. 그러므로 조루에 대한 바른 정의가 없는 것이 사실이다. 다른 성 치료자는 양적 표준을 생각하고 음경이 질 속에 들어가 몇분 이내, 30초, 1분 30초, 2분 이내에 사정을 하면 조루라고 정의를 했지만, 아무래도 모두에게 수긍되는 정의는 없는 것 같다.

마스터와 존슨은 남성의 성교 횟수의 반 이상이, 여성이 오르가즘에 달하기 전에 사정하면 조루라고 말하고 있다. 그러나 사정이 빠르니 늦느니 하는 판단에는 문화, 사회, 심리, 연령 등 다양한 요소가 들어 있으므로 양적으로 정의할 수 없다. 더욱이 조루 때문에 고민하고 있는 사람에게 당신의 문제는 조루의 정의에 맞지 않으니까 조루가 아니라고 말해도 아무런 도움이 되지 않는다고 생각한다. 카플랜(Kaplan)의 정의에서 중요한 의미를 가지는 것은 사정반사의 자주적 통제력이 결여되어 있다는 생각이다. 따라서, 남성이 격한 성적 흥분상태를 경험하면, 자주적 통제력을 잃고 사정이 반사적으로 일어나버리는 것이다.

카플랜(Kaplan)은 이미, 조루를 가진 남성의 고민은 사정이 빨리 일어나는 것이라고 한결같이 주장했지만, 더 깊이 이야기를 들으면 한번 심하게 흥분한 후에 에로틱한 감정이 결여되어 있든지, 또는 감소되는 것이 특징이라고 말하고 있다.

정의는 어떻더라도 남성의 사정통제 능력은 성행위에 중요한 역할을 수행한다는 것을 충분히 생각할 수 있다. 이것은 보통 여성이 남성보다 성적 반응이 늦으므로 남성이 오래 흥분상태를 유지하고 있을 필요가 있다. 그러나 조절을 할 수 없는 경우, 여성이 오르가즘에 달하기 전에 언제나 끝나버림으로 인해 여성이 성적 만족을 얻는 것이 어려워진다. 남성이 자기의 조절능력에 자신이 없으면, 자기가 흥분하고 언제 사정을 하게 될까 하는 것을 불안하게 생각하고 도저히 상대의 성적 욕구 등을 생각할 여유가 없는 것이다.

　조루의 원인에 대한 이론은 많다. 그러나 생리적 원인은 명확하지 않다. 심리학적 원인은 여러 가지가 있지만, 이것은 어디까지나 이론이고 실증된 것은 아니다. 종래 미국, 일본의 남성 사이에서 생각된 조루의 원인은 음경이 성적 자극에 대해서 특별히 민감하기 때문에 문제가 있다고 생각했다. 그래서 사정을 늦추기 위한 여러 방법을 취한 것이다. 예를 들면, 콘돔을 사용하거나 음경 끝에 마취제를 바르거나 성교 중에 자신의 엉덩이를 꼬집는다거나 또 일본에서는 옛날 다다미(일본식 돗자리) 결을 세는 일도 했다는 이야기를 들었다.

　이것은 자기의 신경을 딴 곳으로 돌리기 위해 에로스와 전혀 관계가 없는 것을 생각하게 한 것이지만, 이러한 노력은 대부분 실패로 끝나는 것이었다. 이것은 성적 흥분의 열은 억제해도 사정을 내보내는 것에는 도움이 되지 않는 것이다. 최근의 정보에 의하면 이 같은 노력은 오히려 역결과를 초래한다는 것을 알게 된 것이다.

　이것은 내 생각에도 전술의 카플랜(Kaplan)의 반사에 대한 자주적 통제 결여에 문제가 있기 때문이라고 추정된다. 카플랜(Kaplan)은 이 문제를 어린이가 방뇨의 통제를 배우는 것과 같은 원리가 작용하고 있는 것은 아닐까 하고 주장하고 있다. 어린이가 소변을 스스로 조절할 수 있게 되는 것으로는 우선 방광이 가득 찼다고 하는 감각의 인지를 필요로 하고 있다. 유아의 방광은 어느 정도의 긴장감에 달하면 척수반사에 의해 관리되고 있는 방뇨기능에 신호가 보내져 자연히 방광이 비게 되도록 되어 있다. 상부의 신경 지위계통의 작용에 의해 자기의 척수신경반사의 자주적 통제력을 배우는 것은 비교적 손쉬운 것이다. 이것은 감각의 피드백 작용으로 가능한 일이고, 어린아이가 가득찬 방광의 감각 인지를 배우는 것에 의해 가능하게 되는 것이다.

　척수장애인이 방뇨, 방변의 콘트롤을 할 수 없는 것은 척수신경의 절단으로 고도의 신경작용을 정지시키는 자주적 통제력이 전혀 없게 되는 상태로 돌아가 버리게 되기 때문이다.

카플랜(Kaplan)은 조루가 있는 사람은 척수장애인과 마찬가지로 감각 피드백이 결여되어 있기 때문에 사정반응이 자연히 일어나 버린다라고 설명하고 있다. 이것은 사정 직전의 감각을 명확히 느낄 수 없기 때문에 고도신경작용의 통제를 할 수 없게 된다. 그 결과, 흥분이 생리적 극한에 달하면 사정이 자연히 일어나 버린다. 따라서 이 설에 의하면 조루의 치료는 바이오피드백의 테크닉을 사용하고 자연적 기능을 자주적 통제로 바꾸게 하면 된다.

(2) 조루에 대한 제안

현재 조루에 대한 제안은 여러 가지가 있다. 모두 비교적 간단하고 효과가 있다. 우선 상담자는 고민하고 있는 남성에게 문제의 경과를 들을 필요가 있다. 조루가 최근에 시작되었는지, 아니면 오래 지속되고 있는지에 따라 그 문제의 심각함의 차이가 있기 때문이다. 그것에 따라 해결방법도 달라진다. 그러나 조루로 고민하고 있는 사람이 알아야 할 것은 누구라도 오랜 기간 사정을 하지 않고, 오래 음경이 발기해 있고, 성적 흥분이 계속되고 있는 상태에 있으면 속히 사정을 하는 것이다. 특히, 성교 상대와 오랫동안 떨어져 있든지, 또는 새로운 상대와 처음 성교를 시도할 경우 등은 흥분한 나머지, 일찍 사정할 가능성이 높게 되는 것이다. 이 같은 설명을 함으로써, 자기 혼자만이 이러한 문제를 가지고 있는 것이 아닌 것을 알고 조금이라도 안도감을 가질 수 있을 것이다.

다음 제안은 자기주위의 방향전환을 하도록 지시하는 것이다. 사정의 반사로 자주적 통제력을 발달시키는 것이 목적이기 때문에 남성에게 자기의 주의력을 성적 감각에 집중하도록 지시를 한다. 이것은 일반적 상식으로는, 사정되겠다 싶으면 주의를 완전히 성적 감각으로부터 비성적인 것에 집중하는 법이지만, 반대로 질 속의 음경 감각에 주의를 집중하도록 지시한다. 또, 성교 중의 신체의 리듬, 체위를 바꾸면 어떤 다른 감각이 있는가를 시도하도록 한다. 이 같은 훈련을 함으로써 사정하지 않고 지연시키는 것을 배움과 동시에 보다 성교를 즐기도록 하는 것이다.

다음 제안은 남성이 성교 중에 느긋함과 호흡하는 법을 배우도록 지도한다. 긴장한 근육은 사정을 일으킬 확률이 높다. 느슨한 근육과 천천히 깊은 호흡은 사정할 확률을 낮추게 한다. 따라서 허리를 성교 중에 앞으로 내밀 때에는 깊게 호흡을 하고, 허리를 뒤로 뺄 때에 엉덩이 살과 항문에 힘을 빼는 훈련도 조루에 도움이 된다고 보고되어 있다. 또한 성교의 체위도 바꾸면 좋다고 생각한다. 가장 사정하기 쉬운 것이 남성 상위의 정상위라고 불리우는 체위이다. 보통 허리를 전후로 움직이면서, 허리를 앞으로 내민 체로 원을 그리듯이 허리를 움직이게 하는 것도 조루에 효과가 있다. 그리고 허리를 천천히, 빨리 움직이게 하거나 리듬을 바꾸는 것도 효과가 있다.

성교 중에 사정을 할 것 같으면 상대에게 그것을 전하고 잠시 쉬는 것도 좋은 방법이다. 이것을 문자 그대로 stop · go라 부르고 있다. 한숨 쉰 후, 사정의 절박감이 감소하면 다시 조용히 허리를 움직이기 시작한다. 이 같은 운동을 여러 번 반복해서 질 속의 다른 감각을 느끼게 되고, 동시에 사정 통제력도 배워간다.

남성이 여성의 협력을 얻을 수 있으면, 둘이서 하는 훈련이 더욱 도움이 된다. 이중 하나는 약 30년 전에 시멘즈에 의해 고안된 '계속적 자극'이라고 하는 방법이다. 그 지시는 우선 전희를 서로 하도록 지도한다. 이것은 앞에 서술한 감각집중훈련의 방법과 마찬가지이다. 그후, 여성이 남성에게 음경 자극을 가한다. 거기에서 남성은 사정하는 직전까지 자극을 받지만, 사정하기 전에 여성에게 신호를 보내어 일시 자극을 정지하게 한다. 그리고 사정의 절박감이 감소하면 이번에는 여성이 같은 방법으로 자극을 한다. 이 훈련을 수차례 반복한다. 만약 사정하는 일이 발생해도 그것을 실패로 생각지 말고 다음 기회가 있다는 것을 잊어서는 안 된다.

여기에서 훈련이란 말을 사용하고 있지만, 이것은 단순히 감정이 없는 기계적인 운동이 아니다. 이 운동을 하고 있을 때도, 남녀 쌍방의 성적 욕구를 생각하고, 여성의 성적 만족도 잊어서는 안 된다. 음경을 질에 삽입해 여성을 오르가즘에 달할 수 있도록 할 수 없다면 남성은 손, 입, 다리, 혀를 충분히 사용해 여성이 오르가즘에 달하도록 신경을 쓸 필요가 있다.

마스터와 존슨은 시멘즈의 방법에 변형을 가하여 다음과 같은 제안을 하고 있지만, 그 기본적 개념은 같다. 시멘즈의 방법에서는 사정 직전에 자극을 중지했지만, 마스터와 존슨의 방법에서는 여성이 양손의 엄지손가락으로 음경의 소대(小帶:frenuium)를 잡도록 해 강하게 압력을 가해 사정을 막도록 한다. 음경에 자극을 주어 사정하기 직전이 되어 남성이 신호를 보내면 여성이 소대에 압력을 3-4초 주고, 그후 15초에서 30초 정도 손가락을 놓는다. 이 방법을 1회의 성교에 4번에서 5번 반복한다. 이 방법은 시멘즈 방법과 같은 효과를 가져올 수 있다.

독신자로 상대가 없는 사람에게는 자위행위를 이용해 사정 통제력을 배우는 것을 지시한다. 우선 처음에 자위행위의 횟수를 많이 하도록 지시를 한다. 그 다음에는 자위행위에서 사정을 하게 될 것 같은 직전에 자극을 일시 중지하고 사정의 절박감이 경감할 때까지 기다린다. 그 후에는 또 자극을 계속하고, 같은 상태가 되면 일시 중지한다. 이처럼 최저 3회 정도 반복해 사정을 한다. 자위행위를 하고 있을 때에는 머릿속에서 여성과 성교하고 있는 모습을 확실히 그릴 필요가 있다. 이 훈련을 여러번 되풀이하고 사정 통제력에 자신이 생기면 그 다음에는 음경에 윤활제리를 바르고 전과 같은 훈련을 하도록 지시한다. 이 윤활제리를 바름으로 인해 음경이 질 속에 있는 것과 가까운 감각을 느낄 수 있기 때문이다. 전과 마찬가지로 최저 3회 중지를 한 다음 사정을 한다. 이 같은 다양한 방법으로 사정 통제력을 하도록 배우게 되어 대체로 조루의 문제가 해결되거나 경감된다.

Ⅲ 신체장애인을 위한 성 상담 프로그램

　앞 장에서는 장애인과 비장애인이 빈번하게 경험하는 성 문제와 상담원리와 방법을 설명했다. 이 장에서는 신체장애인을 위한 상담프로그램을 어떻게 계획하고 운영하면 좋은지를 서술하기로 한다. 척수장애, 뇌성마비, 류마티즘, 당뇨병, 그 밖의 만성적인 병과 장애를 갖고 있는 사람들은 보통 자신의 장애와 성생활상의 문제와의 연관성을 가지고 있어도 이 문제를 누구에게 상담하면 좋을지 몰라 망설인다. 최근 들어 미국에서도 장애인의 성생활의 중요성이 인식되어 단순히 생리, 신체적 기능의 회복만이 아니고, 인간 총체의 기능에 초점을 두게 되었다. 장애인의 정신적, 사회적 기능의 회복을 지향할 경우에 성적 기능의 회복의 중요성이 인식됨에 따라 재활센터, 병원, 복지시설 등에서 성 상담 및 성교육 프로그램이 일상 프로그램으로 실시되었다. 또한 이 프로그램의 대상은 장애인 자신과 그 배우자를 폭넓게 포함하고 있다.

현재 성 상담 프로그램은 장애인 자신과 또는 배우자 쌍방의 소위 개인 면접방법을 중심으로 한 것과 6~10명 소그룹을 대상으로 한, 그룹상담의 형태가 있다. 또 이 상담을 행하고 있는 직원도 의사, 사회사업가, 간호사, 심리전문가 등 성 문제를 취급할 수 있는 특별훈련을 받은 사람도 많이 있지만, 그 중에는 독학으로 연구하면서 성 문제를 다루어 온 사람들도 있다.

1. 프로그램의 계획과 준비

성에 관한 프로그램을 시설에서 실시하려고 할 경우에 두 개의 중요한 문제가 있다. 그 하나는 시설의 임원 및 직원의 찬성과 지지가 있는가 하는 것이다. 또 하나는 누가 프로그램의 책임자가 되는가 하는 것이다. 이 두 개의 사항은 무엇인가 새로운 계획을 세울 때에 반드시 필요한 조건이지만, 특히 성에 관한 프로그램이면 보통 이상으로 중요하다. 따라서 성에 관한 프로그램을 시작하고자 원하는 직원은 이 같은 프로그램의 필요성을 다른 직원에게 설득해 그들로부터 찬성과 지지를 얻도록 해야 한다. 가령, 병원 등의 재활센터라고 하면 의사의 찬성이나 지지 없이는 절대로 프로그램의 성공을 바랄 수 없다. 왜냐하면, 재활센터에서 최종 책임을 지는 사람들은 보통 의사이고, 또 직원 사이에서의 협력관계에서도 절대적인 영향력을 갖고 있기 때문이다. 직원의 지지를 얻는 경우에, 환자와 그 가족의 요청이 있으면 더욱 든든하다. 직원 회의 등에서 프로그램의 취지를 설명하는 것도 좋은 방법이지만, 이 경우에 직원의 주요한 찬성이나 지지를 사전에 얻을 필요가 있다. 누구나가 사전 정보 없이 이와 같은 프로그램의 찬성이나 지지를 하기는 어려운 법이다.

일단, 찬성을 얻으면 그 다음에 프로그램의 목적과 내용, 누구에게 어떠한 방법으로 누가, 언제, 어디서 등이 내포된 취지서를 만들고 직원에게 나누어 주도록 한다. 취지서의 작성상 특히 주의할 것은 누가 내담자를 의뢰할 것인가 하는 것이다.

예를 들면, 병원이나 재활센터이면 의사가 의뢰하는 형태가 가장 운영상 적절하다고 생각된다. 그 이유는 의료기관에서 역시 환자가 가장 신뢰할 수 있는 사람은 의사이고, 의사가 의료적 책임을 갖고 있기 때문이다. 그런데 의사 전부가 환자의 성 문제에 자유롭게 상담에 응할 수 있다고 생각하는 것은 잘못된 것이다. 따라서 특히 프로그램을 시작하는 처음에는 의사가 어떻게 성 문제에 대해서 이야기를 꺼내면 좋은지에 대한 훈련을 할 필요가 있다. 의사가 장애환자에게 직접 뭔가 성생활에 관한 질문이 있나, 없나 물어보는 것도 하나의 방법이고 새롭게 시작된 성 상담에 참여하도록 권하는 것도 하나의 방법이다.

그리고 상담자가 장애인이 기입한 질문서를 작성해 의사에게 주어 의사가 환자에게 하나하나 써놓도록 하는 것도 좋은 방법이다. 서류를 사용함으로써, 성에 대한 이야기를 의사, 환자 모두 할 필요없이 쌍방이 당혹감이나 창피하다는 생각을 하지 않고 끝낼 수 있기 때문이다.

이 질문서는 남녀 따로 두 종류로 작성하는 것이 필요하다. 상담자는 환자가 어떠한 성적 문제를 가지고 있는지, 이 질문서를 보면 이해할 수가 있다. 성 상담을 시작할 준비가 갖추어지므로 다음에는 프로그램의 내용을 생각해 보도록 하겠다.

2. 프로그램의 내용

신체장애인 중에서도 특히, 척수장애인을 위한 성 상담 프로그램을 예로 보면 다음과 같은 개요가 된다고 생각한다. 우선, 상담은 개인, 부부, 그룹의 세 가지 형태가 있다. 그룹을 조직할 때에는 같은 장애를 가진 사람을 모은다. 그렇게 함으로써 공통의 문제, 화제로 인해 그룹의 응집력을 만들어내기 쉽기 때문이다. 우선, 그룹의 회합은 척수장애에 의해 어떠한 변화가 성 기능에 일어났는가 하는 정보의 교환으로 시작한다. 정확한 지식과 정보 전달이 대개 프로그램의 주축을 이룬다. 그것과 함께 언제나 강조되어지는 것이 사회적 미신, 즉 신체장애인은 무성인간이다 등과 같은 미신적인 말이다. 많은 장애인들도 이 같은 사회적 미신에 포로가 되어 있는 경우가 있다. 그러므로 장애인의 사고를 바꿔가는 데는 장애인끼리 성교를 하고 있는 영화를 보거나, 참가자 스스로가 경험을 서로 이야기함으로써 가능하다.

더욱이 프로그램의 주 목적은 장애인의 성에 대한 정의를 재정립하는 것이다. 이것은 잃은 성 기능을 대신하는 것과 새로운 성의 발견을 필요로 하고 있는 것이므로 특히, 장기개념, 인간관계의 조정, 특정의 성 행동의 발달 등의 정의가 새롭게 시도되지 않으면 안 된다.

이상의 과제가 프로그램에서 시행되면, 그후 필요한 것은 성행위에 관한 실천적 정보를 주는 일이다. 가령, 잃어버린 성기능을 대신하는 것은 무엇일까, 성행위에 사용되는 도구의 사용법, 성행위의 방법, 자기 자극방법 등을 들 수 있다.

이상의 틀에서 대개의 프로그램은 6개의 실천 테마로 구성된다.

(1) 상호책임
(2) 정보와 교육
(3) 태도의 변화
(4) 실행불안감의 배제
(5) 대화와 성 기능의 발전

(6) 행동 변화의 처방

1) 상호 책임

실천 테마의 첫 번째로 부부의 상호책임이란 것이 있다. 이것은 성교가 보통 남녀관계라는 구조 속에서 일어나는 것이므로, 장애인의 성기능 장애도 두 사람의 공동책임으로 이해되어야 한다고 생각한다. 이것은 어떤 성 상담에서도 기초적인 역할을 이루고 있다. 이 상호책임의 상세한 내용은 이미 언급한 대로이다.

2) 정보와 교육

장애인을 위한 프로그램의 중심이 되는 것은 정보의 제공과 교육이라고 말할 수 있다. 장애인은 일반의 성 생리학을 비롯해 장애가 초래하는 생리적 변화, 자기 신체의 한계 등의 지식을 필요로 한다. 따라서 교육 프로그램에는 반드시 생리학적 정보가 많이 들어 있다. 예를 들면, 척수장애인이라면 그 손상의 정도, 장소에 의해 어떠한 장애가 그 사람의 성 기능에 있는가, 더욱 구체적으로 사정은 가능한가 등을 이해할 필요가 있다.

이 정보제공에 있어서 상담자가 주의할 것은 어느 정도 양의 정보를 언제, 어떠한 방법으로 주면 가장 효과가 있을까라는 점이다. 느닷없이 처음부터 당신의 장애는 이것 이것이니까 이 정도의 것밖에 기대할 수가 없다고 하는 방식은 융통성이 없다고 생각한다.

우선, 이 장애인은 무엇을 생각하고 무엇을 고민하고 어떠한 대답을 바라고 있는지에 대한 이해에서 출발할 필요가 있다. 아무리 효과가 있는 약이라 할지라도, 한꺼번에 다량으로 주면, 그 쇼크로 환자가 죽는 일이 발생하는 것과 같은 원리이다. 그러니까, 개개 장애인의 기분을 충분히 고려하는 친절한 방법으로 정보지식을 제공해야 하는 것이다.

물론, 여성 장애인에게도 같은 정보가 제공되어야 한다. 가령, 척수장애인의 경우 생리적 반응에 의한 오르가즘이 가능한지를 알아보아야 한다. 불가능한 경우에 성적 만족감을 얻으려면 어떠한 다른 방법이 있는지, 생식이 가능한지, 인공수정, 피임방법 등의 정보가 제공되어야 한다. 물론, 이 같은 정보를 배우자에게 전달하는 것도 잊어서는 안 된다.

3) 태도의 변화

장애인 상담에서 문제가 되는 것은 성에 대한 그 사람의 가치관 또는 태도이다. 가령, 장애인의 입, 혀를 사용하는 오랄섹스는 보통, 해서는 아니된다라는 태도를 갖고 있다고 한다. 그런데 장애 후 그 사람에게 남겨진 유일한 방법은 오랄섹스뿐이라고 한다. 그 사람은 자신의 가치관과 현실에서 오는 딜레마에 빠져 대체 어찌하면 좋은지를 고뇌한다. 따라서 상담에서는 실로 많은 시간을 태도, 가치관의 자기비판과 새로운 태도의 자기비판을 하는 데에 그룹은 최적인 것 같다. 보통 이야기를 할 수 없는 것도, 또 터부시하고 있는 화제도 이 같은 그룹에서는 자유롭게 이야기할 수 있는 기회를 주기 때문이다. 그것과 동시에 그룹의 멤버가 각각의 태도를 바꾸는 중요한 역할을 해주는 것이다.

특히, 척수장애인은 성에 대해 새로운 인식을 넓혀야 할 뿐 아니라, 성생활에 필요한 사회, 심리적 영역을 개발하지 않으면 안 된다. 지금까지 성을 생리적, 물리적으로 좁게 해석해오던 것을 보다 넓은 의미로 성의 사회성에 초점을 두는 태도를 발달시켜야 한다. 태도의 변화를 초래하도록 상담에서 사용되는 방법으로는 서로 이야기하는 것이 중요한 역할을 하지만, 필수적이라고 할 정도로 성 영화 등의 시청각 기재가 사용된다. 영화를 봄으로 해서, 실제로 남의 행위를 배울 수가 있고, 그것과 함께 자신과 같은 처지에 있는 사람들의 성행위를 보고 자기도 용기를 낼 수 있는 것도 생각할 수 있다.

4) 실행불안감의 배제

지금까지 부정적으로 보았던 오랄섹스 등을 긍정적으로 볼 수 있도록 하고, 성에 대한 태도나 가치관이 변화된다고 해도 불안감은 남는다. 특히, 장애를 입기 전에 전혀 시도한 적이 없었던 방법을 사용할 경우 잘할 수 있을까, 배우자를 만족시켜 줄 수 있을까 등의 불안감이 강한 법이다. 이 때문에 새로운 방법에 따른 불안감을 배제하는 일이 과제가 된다. 상술의 영화 등을 활용함과 동시에 개인, 부부, 그룹에 대한 상담시 성에 관한 불안감을 취급하는 것이 필요하다. 상담에서 불안감을 표현하는 것만으로도 어느 정도의 해결이 가능하지만 거기서 그치지 않고 구체적 대처방법으로 연결되어질 수 있다.

5) 대화와 성 기능의 발전

커뮤니케이션은 남녀 쌍방이 자신들의 성생활에서 최대한의 쾌락을 얻기 위한 상호협력에 절대적으로 필요한 요소라고 생각한다. 두 사람의 자유롭고 솔직한 대화가 없으면, 가령 어디를 어떻게 자극하고, 어떠한 방법을 사용하면 좋은지 모르고 끝나는 일도 있다. 특히, 장애인과 비장애인 배우자와의 사이에서는 보다 좋은 대화 없이는 서로를 이해하는 것도 곤란하게 되고, 부부관계의 조정도 잘 되지 않을 것이다. 따라서 장애인과 그 배우자의 성 상담은 둘이서 상담하고 있는 경우나 그룹 상담에서도 특히 자유롭고 솔직한 이야기를 서로 할 수 있는 태도가 익숙해지도록 상담자는 주의와 노력을 기울일 필요가 있다. 서로 이야기 함으로써 사람들은 자신의 혼탁한 마음과 감정을 정리하고 가치관을 스스로 평가함으로써 자기태도에 변화가 일어나는 것이다.

6) 행동변화의 처방

어떤 성 상담에서도 반드시 실시되는 것의 하나로 자기신체에 새로운 감각을 증진시키는 훈련방법이 있다. 예를 들면, 전에 설명한 마스터와 존슨의 감각집중훈련이 그 대표적 방법이다. 그밖에, 형태가 조금 달라도 원리와 목적은 아주 같은 방법이 여러 가지로 고안되고 있다.

신체장애인이 이 감각집중훈련을 필요로 하고 있는 것은 두말할 필요가 없다. 많은 장애인을 위한 프로그램에서도 감각집중훈련을 채택하고 있다. 또한 류마티즘이나 뇌성마비 등 신체 움직임이 불편한 사람에게도 그 장애에 맞는 성교의 체위가 제시되거나, 그림을 사용하는 등 시청각 교육자료가 많이 사용된다. 그밖에 장애인, 특히 척수장애인을 위한 인공의 성적 자료에 관한 정보를 제공할 필요가 있다. 가령, 발기불능인 남성을 위해 음경 속에 의학적 방법으로 삽입할 수 있다. 또한 발기시키는 방법, 자료 등의 원조를 어디에서 얻을 수 있는지, 전기마사지기를 어떻게 사용하고 자극을 주면 좋은지 설명할 필요가 있다. 물론, 이 같은 도구를 사용할 경우에는 개인의 선택과 적절함이 중요하고, 상담자는 그 선택에 대해 원조하도록 한다.

3. 프로그램의 운영기간

장애인을 위한 상담프로그램은 여러 형태가 있지만, 개인, 부부 그룹이 주요한 형태이다. 어느 형태에서도 내담자의 편의를 충분히 고려해 넣은 프로그램이 아니면 안 된다. 대체로, 상담은 단기집중적으로 실시되는 것이다. 가령, 주 1회 2시간씩 4주간 또는 6주간 정도 실시한다. 명확히 목적과 초점이 있는 상담이라면, 개인면접의 방법에서도 20시간 내에 효과를 올릴 수 있는 방법이 바람직하다고 생각한다. 그런데 어떤 경우에는 성만의 문제로서 시작하지만 그 저변에 부부의 애정문제, 그밖의 부부관계의 문제가 있을 경우에는, 보다 장기간에 걸친 집중적 상담이 필요하다. 이 같은 경우는 결혼상담을 중심으로 상담센터 등에 의뢰하는 것을 고려할 필요가 있다.

또 하나, 척수장애가 발생한 후 '어느 시기에 성 상담을 시작하면 가장 효과가 있는가'란 과제를 생각할 수 있다. 이것에 대해서는 명확한 지식이 있는 것은 아니다. 일반적으로 장애 후,

4개월이나 6개월 정도가 최적이 아닐까 생각한다. 그 정도의 시기가 지나면 조금씩, 자기의 성생활에 대한 문제를 인식하기 때문이다. 그러나 이것도 개인차가 있으므로 직원은 개인의 욕구를 계속 염두에 두고 생각할 필요가 있다.

4. 뇌성마비 장애인을 위한 프로그램

뇌성마비 장애인을 위한 프로그램을 작성할 경우에 다음의 세 가지 점을 특히 유의할 필요가 있다. 그 첫째는 뇌성마비 장애인이 잠재적으로 비장애인과 똑같이 성행위를 즐길 수 있을까 하는 것이다. 여기에서 잠재적이라고 말한 것은 물리, 심리, 사회적 이유에 의해 비장애인과 같은 성행위를 하는 것은 불가능하다고 생각되어지는 경우가 종종 있기 때문이다. 뇌성마비 장애인 중에도, 지체장애 정도가 경증인 사람도 있고 중증인 사람도 있다. 단순히 신체의 움직임이 부자유하다는 것이 아니고, 계속 신체가 떨리고 있는 사람도 있다. 그 중에는 언어장애, 지능장애가 동반되는 사람도 있다. 따라서 잠재적으로는 성행위가 가능하지만, 실제로는 다른 사람의 도움을 빌리지 않고서는 성행위가 불가능한 사람도 있기 때문이다.

둘째로, 타인의 손을 빌리지 않고는 스스로 물리적으로 어떻게도 할 수 없는 사람들이 있다. 그러므로 성에 관한 지도 프로그램을 작성할 경우에 어떻게 신체를 움직이거나 도움을 받으면 만족할 만한 성행위를 할 수 있을까를 염두해 두고 작성해야 한다. 소위, 실천방법기술이 없으면 완전한 프로그램이 아니다. 그 경우에 물론, 지도하는 사람이 실제로 손을 잡고 자기의 신체를 사용해 가르친다는 것은 아니다. 그러나 미국에서는 성 상담에 대리인이라 불리는 여성을 사용하고 있으므로 일본에서도 그 일을 하는 사람이 있을 수 있다고 생각한다. 상담자의 지시하에 신체사용 방법에 대한 지도가 대리인을 통해서 가능하다고 생각한다. 도덕적으로 대리인 사용에 대한 강한 사회적 반대가 있는 미국보다는, 섹스에 관해서는 공공연히 도루코(일본 목욕탕) 등이 인정되고 있는 일본쪽이 훨씬 유리하지 않을까 생각한다.

어떻게 신체를 움직이면 성교가 가능할까, 어느 정도 타인의 도움을 필요로 하고 있는지, 뇌성마비 장애인에게 자세히 가르칠 필요가 있다. 특히, 뇌성마비 장애인끼리 성행위를 할 경우, 타인의 도움이 중요한 요소가 된다. 또한 지체장애인과 비장애

인의 성행위의 경우는 아무래도 지체장애인보다도 비장애인 쪽
이 보다 능동적이 되고, 주도권을 잡아야 할 필요가 나타나므로
그것을 유의해 프로그램을 작성할 필요가 있다. 비장애인이 여
성인 경우는 보통 성행위시 수동적 역할을 취하는 것이 기대되
고 있으므로 수동인 태도를 급격히 바꿔 능동적·활동적이 되는
것은 처음에는 대단히 곤란하다고 생각할 수 있다.

따라서 지도자가 그같은 여성의 심리를 충분히 이해하고 방법
을 지도할 필요가 있다. 또, 아테도이트의 사람 등은 자기가 흥
분하면 더욱 신체의 떨림이 심하게 되는 법이다. 그러니까 어떻
게 해서라도 마음을 진정시키든지, 이 바이오피드백 등의 기술
을 도입해 아테도이트의 조절을 배우게 하는 것도 좋은 방법일
지 모른다.

Ⅳ
정신지체인(지진아)들의 성교육 프로그램

1. 정신지체인의 성과 결혼

오랫동안 사회적 억압을 받고 그 기본적 인권도 무시당하고 있던 정신지체인들의 인권이 주장되어 정상화와 탈시설화가 급속히 진행되었다. 거기에 맞춰 지금까지 완전히 무시당해 왔던 정신지체인들의 성적 욕구를 만족시키려면 무엇을 하면 좋은가가 진지하게 제기되어 왔다. 이 성적 욕구는 단순히 좁은 뜻으로 생각하기 쉬운 질과 음경을 합치는 생리적, 물리적인 인간의 성행위만이 아니고, 넓은 의미에서 성관계에서 맛볼 수 있는 친밀감, 애정의 교환 등에서 경험할 수 있는 정서적 만족감을 포함하고 있다.

일본에서 정신지체아를 가진 부모에게 종종 들은 이야기는
"보통사람의 경험을 하게 하고 싶다"는 것이었다. 이 말의 의
미는 실로 정상화의 원리이고, 비장애인이 일반적으로 경험하
는 것과 같은 것, 또 거기에 가능한 것을 경험시키고 싶다는 것
이다. 이 '보통사람의 경험'에는 단순히 학교에서 배우고 일하는
것만이 아니고, 자기의 성적 표현을 할 자유도 포함되어져 있다
고 생각한다. 비장애인이 이성을 사랑하고 사랑받는 경험을 하
는 것처럼 정신지체인들도 같은 경험을 가질 권리가 있는 것은
아닐까?

미국은 지금까지 정신지체인들의 교육이나 훈련은 학습, 직업
훈련 등에 편향해 있었다. 가능한한 비장애인에 가까운 생산적
인 인간을 만들어내려는 노력이었다. 그 반면, 인간으로서의 사
회성을 발전시키는 교육은 뒤늦게 시작되었다고 할 수 있다.

정상화의 원리가 넓게 응용됨으로 해서 탈시설화가 진행되면,
정신지체인들이 비장애인과 같이 지역사회에서 생활하는 것이
점점 늘어나게 될 추세이다. 그래서 정신지체인들의 사회 · 심리

적 능력이 재고되어, 어떻게 해서 성적 행동의 훈련을 하면 되는가가 문제가 된 것이다. 그 교육방법은 10대가 되어서 한꺼번에 벼락치기로 가르치는 것이 아니고, 유아 때부터 인간의 성에 대해 가르칠 필요가 있다.

1) 유아기

제일 먼저 모든 아이들이 배우는 것은 자신의 신체에 대해서라고 생각한다. 자기의 눈, 코, 입, 성기라는 식으로 배워가고, 자기의 신체상을 마음에 형성해 간다. 그러나 자기 자신을 배운다고 하는 것은 다른 사람과의 상호작용에서 배우는 것이고, 특히 유아 때는 엄마, 아빠, 형제자매가 중요한 역할을 한다. 가령, 벌거벗은 엄마, 아빠를 목욕탕 등에서 봄으로 해서 남녀의 차이 등을 배우게 되는 것이다. 보통 비장애아라면 하나 하나 남녀의 차이를 설명하지 않아도 호기심으로 자연히 배워가는 법이지만, 정신지체아는 그렇게는 안 되는 것 같다. 따라서 친형제, 자매가 선도해서 가르칠 필요가 있다. 정신지체아도 가능한 사물을 능동적으로 배우도록 습관을 들이는 것이 중요하다.

이 유년기에 배우는 것은 단순히 남녀의 차이라던가, 신체부분의 명칭이 아니고, 사랑하고 사랑받는 것에 대한 의미와 신뢰하고 또, 신뢰받는다고 하는 의미를 배운다. 요컨대, 성장하면서의 성적 인간관계의 기초를 만들어가는 것이다.

2) 학령기

때가 되면, 가정을 벗어나 낮에는 학교에 다니게 된다. 학교는 사회나 성인들에게 축적된 지식, 정보를 어린이에게 주고, 다음 시대를 계속해 이끌어 나갈 인간을 만드는 것이 목적이다. 그러나 여러 가지를 배우게 하는 학교에서도, 인간의 성에 대해서만은 충분히 가르치지 못하고 있다. 배우는 것이 늦고, 이해력이 부족한 정신지체아들에게야말로 더욱 인간의 성에 관해 가르칠 필요가 있는데 그 교재를 보면 충분하다고는 말할 수 없다.

비장애인인 경우는 부모나 교사가 가르쳐주지 않아도 동료끼리 서로 배운다. 그런데 정신지체아들은 그와 같은 것이 대단히 한정되어 있고, 보통보다 엄한 감독을 주위로부터 받고 있다.

3) 데이트

미국에서는 14~15세가 되면 데이트 방법을 배우지만, 정신지체아들은 배울 기회가 없다. 미국의 어린이는 데이트를 통해 이성과의 교제방법, 예절, 성 활동 예절을 배운다. 그런데 정신지체아들은 비장애아들 사이에 들어갈 수도 없고, 또 자기들만의 사교장도 대단히 한정되어 있다. 따라서 성에 대해서 배운다고 해도 불완전하다. 그러나 최근에 미국에서도 정신지체인들에게 사교를 가질 수 있는 장소가 제공되고 있다. 그 예가 지역사회에서 정신지체인들이 공동생활을 하고 있는 그룹홈(Group Home)이고, 보호작업장, 또는 부모회가 스폰서가 되는 클럽 등이다.

4) 결혼

이 같은 장소에서 이성과 만나서 사교의 기회가 생기자, 인간인 이상 자연스럽게 연애를 하고, 드디어는 결혼하고 싶은 욕망이 생기는 사람들이 나온다. 여기에서 이미 문제가 되는 것은 과연 결혼을 허락할지, 어떨지 하는 것이다. 현재로서는 정신지체인들이 살아갈 권리, 자유를 주장하는 부모라도 쉽게 찬성을 하지 않는 것 같다. 이것은 결혼할 권리와 경제적 자립이 밀접하게 관련되어 있고, 보통 경제적 자립을 할 수 없는 자나 장래 자립할 가망이 보이지 않는 자는 결혼할 권리도 없다고 생각하기 때문이다. 대개의 부모들은 결혼한 아이들을 보살피는 일까지는 도저히 할 수 없다고 말한다. 이와 같은 이유만으로도 주위에서 큰 반대를 해서 결혼할 수 없는 사람들이 많다.

그런데 실제로, 이 사회를 보면, 비장애인 중에도 결혼한 후, 경제적 자립을 하지 못하는 사람들이 많다. 그러므로 정신지체인이어서, 경제적 자립을 할 수 없으니까 애초에 거부한다는 것은 편견이라고 생각한다. 나는 결혼과 경제적 자립을 우선 별도로 생각하면 어떨까 한다. 그러나 생활하는 이상, 경제라고 하는 생활수단을 생각하지 않으면 안 된다. 경제적 자립이 불가능하면, 누군가가 원조할 필요가 있다. 이미 사회보장제도에 의한 경제적 원조가 있으므로 자기들이 벌 수 있는 한 벌고, 그 뒤는 정부가 제공하는 복지적 원조로 생활하는 것이 가능하다고 본다.

더욱이 정신지체인들은 지역사회에서 어떠한 형태로든지 생활보호를 받는 것을 필요로 하고 있다. 현재는 그룹홈 등이 생겨 공동생활을 하고 있으므로 그와 같은 홈에서 결혼한 사람들을 위한 특별한 아파트를 만들어 살게 하는 일도 가능하게 된 것이다.

2. 부모를 위한 성교육 프로그램

정신지체인들에게 성교육을 하는 것은 중요하지만, 그것과 마찬가지로 중요한 것은 정신지체인들의 주위 사람들에게 성교육을 하는 것이다. 특히, 적정 연령에 달한 정신지체아를 가진 부모는 자위행위, 어린이가 이성에게 나타내는 흥미 등을 어떻게 다루면 좋을지 고민하게 된다. 많은 부모는 내심 걱정이 되어도 성이라는 화제는 무척 이야기하기 어려우므로 과감히 상담할 수 없는 것이다. 무엇인가 특별한 문제가 일어날 때까지 상담하지 않는 경우도 있다. 성에 관해 이야기하는 것은 부끄럽고, 성따위는 관심없다고 표면으로 부정하고 있는 경우도 있다.

왠지 상담하고 싶다고 생각하고 있는 부모나 정신지체인들의 성에 대해서 좀 더 알고 싶다고 생각하고 있는 부모들을 위해 수년 전에 정신지체아를 전문으로 다루고 있는 대학부속의 의료 교육기관과 합동으로 사회복지학부의 대학원생 훈련을 겸해 약 100명의 정신지체아들 부모에게 성교육을 시도했다. 현재도, 이 프로그램이 모델이 되어 사용되어지고 있어 여기에서 이 프로그램의 내용을 설명하기로 하겠다.

1) 프로그램의 목적, 대상, 기간

이 프로그램의 중심적인 사고방식은 미국사회에 있는 정신지체인들의 성에 대한 부정적, 금지적 태도가 정신지체인들의 건강한 성적 발달을 저해하고 있다는 것이다. 따라서 보다 건강한 성적 발달을 증진시키려면 정신지체인들에게 가장 중요한 역할을 가진 부모를 교육해야 하는 것이다.

(1) 프로그램의 목적

이 교육 프로그램의 목적은 다섯 가지이다. 첫째는 부모가 인간의 성에 대해 자유롭게 이야기할 수 있게 한다. 둘째는 부모가 인간의 성에 대한 지식을 탐구하도록 한다. 셋째는 정신지체인들의 성적 표현을 보다 민감하게 감지할 수 있게 한다. 넷째는 정신지체인도 성적 인간이라는 것을 인식토록 한다. 정신지체인도 성적 감정, 욕구를 비장애인과 같이 표현할 권리가 있다는 인식을 높인다. 그리고 다섯째는 정신지체인과 성에 대해서 서로 이야기할 수 있는 대화의 기능을 높이는 것이다.

(2) 프로그램 대상과 기간

이 같은 프로그램을 시작할 때에 우선 고려해야 할 것은 대체 어디에서 누구를 대상으로 어떠한 형태로 프로그램을 운영하면 좋은가라는 것이다. 특히, 성이 중요한 문제라고 할지라도 결정된 모임에 매번 출석하는 것은 바쁜 미국 생활에서는 아주 어려운 일이다.

이 프로그램의 목적을 달성하는 데에 최저 6회의 모임이 필요하다고 판단하고 일주일에 한 번, 두 시간씩, 총 열두 시간짜리 프로그램으로 결정했다. 또, 공통의 문제와 대화의 필요성을 생각해 일단, 연령이 12세부터 21세까지의 정신지체인의 부모를 그 대상으로 하고, 어린이의 지능 정도를 중도에서 경도의 발달장애로 하기로 한 것이다. 참가 자격을 한정하면 참가자의 범위를 좁힐 수 있지만 12세부터 21세 연령의 아이를 가진 부모가 성 문제를 가장 걱정하고 있다고 하는 것이다.

(3) 부모의 참가

특히, 이 같은 부모를 위한 프로그램을 하면 어머니만이 참가하고 아버지는 참가하지 않는 경우가 많다. 그러나 어린이의 성을 생각할 경우, 모친과 부친의 협력을 필요로 하고, 특히, 남자의 성적 문제를 취급하려면 아무래도 부친의 도움을 필요로 한다. 더욱이 성은 남녀 인간관계가 중심이 되니까 한쪽 부모만이 출석하면 좋다고는 말할 수 없다. 이 때문에 이 프로그램의 참가자 자격으로서 한쪽 부모만 있는 가정이 아닌 한, 양친이 출석하는 것으로 정했다.

양친을 위한 프로그램을 조직할 경우 모임은 야간이 아니면 안 된다. 직장관계로 주간에 양친이 출석하는 것은 어렵다. 그런데 밤에 양친이 모임에 출석하게 되면, 정신지체아를 돌보는 문제가 있다. 그래서 부모가 모임에 출석하는 동안에 어린이를 돌보는 서비스도 만들었다.

이처럼 참가자의 자격, 조건을 결정한 후 참가자 모집에 대해 검토했다. 그 결과, 공립, 사립의 장애아학급 어린이의 부모를 중심으로 모임을 가지기로 하고, 공립, 사립학교의 협력을 얻어 모든 학부모에게 초대장을 보냈다. 그 결과, 126명 정도의 부모가 참가를 희망해 왔다. 물론, 이 같은 프로그램은 수용시설의 부모를 대상으로도 할 수 있는 것이다.

2) 그룹조직에 관한 주의사항

참가 희망을 표명해도 그러한 사람들이 전원 참가할 수 있다고는 보지 않는다. 참가자가 출석할 수 있는 모임 날짜를 결정하기 위해 앙케이트 방식으로 참가 희망을 문의한 결과, 월, 화, 목요일 저녁 6:30~8:30분이 가장 하기가 좋고, 참가자가 가장 많이 출석할 수 있는 시간이라는 것을 알았다. 이 3일 중에서 알맞은 날을 선택해서 출석하기로 결정했다.

이처럼 모임 날짜가 정해진 후, 모임의 목적, 내용, 방식에 대한 설명회를 열기로 하고 이것도 월, 화, 목요일 3일에 걸쳐 실시했다. 이 설명회를 함으로써 프로그램의 의도, 방법만이 아니고, 참가자가 찾고 있는 것도 이해할 수 있고, 서로의 이해를 조금 진전시킬 수 있었다.

설명회의 방식은 여러 가지로 생각할 수 있지만, 일례로서 우리의 프로그램 운영방식을 설명해 두겠다. 우선, 의자를 방에 타원형으로 늘어놓고 얼굴이 서로 보이도록 했다. 그리고 우선 그룹 리더의 짧은 자기소개부터 시작해서 그 뒤로 참가자의 자기 소개가 있었다. 그때에, 부모가 자기 아이의 이름, 연령, 학교명 등도 덧붙이도록 하였다. 자기소개가 끝난 후, 리더가 이 설명회의 목적을 다음과 같이 소개했다. "이 설명회의 목적은 지금 계획하고 있는 정신지체아 부모를 위한 성교육 프로그램에 대해 자세히 설명하는 것을 목적으로 하고 있다. 여러분이 이 6회에 걸쳐 실시되는 모임에 참석여부를 결정하기 전에 대체 이 프로그램이 어떠한 것이고, 무엇을 기대할 수 있고 그리고 우리들 리더가 무엇을 참가자에게 기대하고 있는지를 설명하겠다"로 시작된다.

리더가 특히 유의해야 할 것과 강조해야 할 것은 이 모임의 목적이 리더에 의한 강의가 아니고, 참가자가 작은 그룹 안에서 자유롭게 자기의 문제, 걱정을 이야기함으로써 서로 문제해결의 실마리를 발견해 간다는 데 의의가 있다. 이 같은 프로그램이면 많은 참가자가 전문가로부터 문제해결책을 기대할 수 있을 것이다. 그러나 리더가 정보, 지식을 전달해도 그것이 반드시 개인의 상황과 특수한 문제에 적합한 것이 아니라는 것을 참가자가 이해할 수 있도록 하는 노력이 요구된다.

리더의 프로그램에 대한 설명이 끝나면, 참가자의 질문으로 이어진다. 이때, 질문으로 자기 아이가 가지고 있는 문제를 꺼내는 부모가 반드시 나오게 된다. 이와 같은 경우, 리더가 "대단히 좋은 질문으로 그밖에도 비슷한 걱정을 갖고 있는 사람이 아마 몇분 있을 것으로 생각되지만, 지금 여기에서 서로 이야기를 하는 것이 아니고, 그룹모임이 시작될 때에 반드시 오늘 하신 질문을 꺼내도록 해주십시오" 라는 식으로 해서 이야기를 중단시키도록 한다.

설명과 질문 후에는 정식으로 참가 희망자를 모집해서 월, 화, 목요일 중 어느 날이 합당한지 결정해서 신청을 받는다. 이때에 주의할 것은 강제적으로 참가를 요구해서는 안 된다. 자유의지를 존중하지 않으면 반드시 도중에서 탈락하기 때문이다. 이것으로 설명회는 끝이 나지만, 그후, 이 프로그램의 운영상 필요로 하는 사무적 사항을 모두 정리하도록 한다. 가령, 참가자의 성에 대한 태도, 가치관 등의 조사를 하고 싶다고 생각하면 이 장소에서 앙케이트 용지에 기입해 받도록 한다. 이 설명회는 45분 정도로 전부 끝내게 하는 것이 좋은 것 같다. 시간이 지연되는 모임은 금물이다. 리더의 무능을 드러내게 되기 쉽다. 참가 희망자가 최종적으로 결정되면, 그 사람들을 10인 1조의 작은 그룹으로 나누고, 그것을 또한 월, 화, 목요일로 모임을 가지도록 분배했다.

3) 그룹 리더

이 프로그램의 성공은 그룹 리더의 수완에 달려 있다. 그래서 부모의 성교육을 하는 데에 어떠한 지식과 기능이 리더에게 필요한가에 대해서 말씀드리겠다. 우리들이 시도한 프로그램은 열 개의 그룹을 담당할 여섯 명의 리더는 사회복지 석사과정의 대학원생이고, 나머지 네 명의 리더는 대학부속의 지능발달장애 의료교육기관에 근무하는 사회사업가로 결정되었다. 물론, 리더는 반드시 사회사업가가 아닌 교사, 심리전문가, 또는 그 밖의 사람들이 되어도 괜찮다.

누가 해도 다음과 같은 최저한도의 필요한 지식과 기능을 갖고 있지 않으면 질 높은 프로그램은 바랄 수 없다고 생각한다. 그 첫째가 소집단이론과 집단지도사회사업의 지식과 기능이다. 둘째는, 인간의 성에 관한 지식, 셋째는, 정신지체인들의 사회·심리·생리문제에 관한 이해이다. 이 프로그램을 시도함에 있어 리더가 어떻게 그룹을 운영하면 좋은가를 생각하고, 리더는 미리 작성해둔 6회에 걸친 프로그램의 내용을 상세히 기술한 소책자를 참고하여 그룹 모임을 진행해 가면 좋다. 지도서가 있으면 리더가 스스로 프로그램을 생각해 낼 필요도 없이 확실하고 즐겁게 그룹 운영을 할 수 있기 때문이다.

(1) 그룹활동의 지식과 기능

일본에서도 미리 여러 권의 그룹활동에 관한 책이 출판되고 넓게 읽혀지고 있으므로, 여기에서는 그룹활동의 이론 등은 논할 필요가 없다고 생각한다. 그러나 책을 읽는 것만으로는 그룹활동을 잘할 수 있다고는 생각하지 않는다. 가능하면 어떤 그룹이라도 좋으니까, 경험을 조금씩 쌓아가야 한다. 할 수 있으면, 보다 경험이 있는 전문가에게 직접 지도를 받는 것이 좋다.

(2) 성에 관한 지식

성교육이므로 정신지체인 부모를 위해서도 리더는 성에 관한 지식을 가져야 한다. 지식이 풍부하면 할수록 자신을 강하게 만든다. 따라서 이 같은 성교육 그룹을 조직하려는 사람들은 우선, 성 지식을 얻는 노력을 필요로 하고 있다. 이것에 관해서는 이미 여러 번 언급했으므로 여기서는 반복하지 않겠다.

(3) 정신지체인 문제의 이해

정신지체인들의 성에 관한 그룹이니까, 당연히 지능발달장애에 대한 지식을 필요로 한다. 물론, 지식이 풍부하면 할수록 좋은 것은 당연하다. 예를 들면, 현재 정신지체인들의 분류방법이 어떻게 행해지고 있는지, 가령 부모가 자기 아이의 IQ가 45정도 이라고 했을 때 그 아이의 사회·심리·학습기능이 어느 정도인가에 대한 이해가 필요하다. 또, 정신지체아를 가진 부모가 어떤 것을 걱정하고 있는지, 그리고 어떠한 방법을 통상 사용해서 문제에 대처하고 있는지 알아둘 필요도 있다. 또한 사회보장 제도 등의 경제적 원조를 어떻게 이용하고 있는가에 대한 지식도 필요하다.

정신지체 문제에 관한 책은 일본에도 많이 있다. 이 같은 책을 읽음과 동시에 정신지체인 시설 등을 방문하고 가능한 그러한 사람들을 접하고, 직접 나가서 배우는 것을 필요로 하고 있다.

4) 프로그램 내용

이 성교육 그룹의 내용은 3개의 중심개념으로 구성되어 있다. 그것은 성에 대한 콤플렉스 제거, 정보교환, 커뮤니케이션 기능의 발달이다.

(1) 콤플렉스 제거

여기에서 말하는 콤플렉스 제거란 대부분의 부모가 갖고 있는 자기의 정신지체아들의 성에 관한 '도피 반응'을 제거하도록 노력하는 과정을 말한다. 이것은 우선 성에 대한 열등감을 제거함으로써 정신지체아들도 무성 인간이 아니라는 것을 강하게 인식하도록 돕는 일이고, 그러기 위해서는 성에 대해서 자유롭고 부담 없이 이야기할 수 있어야 한다.

이 열등감을 제거하는 방법은 여러 가지로 알려지고 있다. 그 하나는 '모순된 의지'라는 방법이다. 이것은 본인이 불안을 느끼고 있는 상태, 또는 현재 피하고 있는 상황에 여러 번 횟수를 거듭해 돌입하는 것이다. 가령, 이 프로그램에서는 우선, 성에 관한 슬라이드, 영화를 보게 하거나, 또는 성적인 언어를 반복적으로 말하게 함으로써 콤플렉스 제거를 위한 노력을 하는 것이다. 이 콤플렉스의 제거는 전 6회의 모임을 통해서 처음부터 끝까지 실시되었지만, 특히 처음 2회의 모임에서 강조된 것이었다.

(2) 정보교환

두 번째 프로그램의 개념은 정보교환이다. 이 요소는 정확한 지식의 전달, 특히 리더에서 참가자까지의 전달이 중요하지만, 그것과 동시에 중요한 것은 참가자끼리의 정보교환이라는 것이다. 여기서 말하는 정보교환이란, 단순히 지식정보가 아니고 감정, 태도 등을 포함하고 있다. 이 그룹 토론의 중심적 과제는 여러 가지가 있다. 가령, 비장애인과 정신지체인들의 성적 욕구는 같은가, 다른가, 다르다면 어떻게 다른가, 성에 관한 어떠한 정보와 지식을 정신지체인들에게 주면 좋은가, 결혼은 허락해야할지, 결혼의 조건이란 어떠한 것인가 등을 들 수 있다.

이 정보교환은 그룹모임의 주축이 되지만, 그룹 참가자가 원하고 필요로 하고 있는 특정의 정보교환을 하고 있는 것이고, 막연한 성 정보의 교환이 아니다. 그래서 전에 쓴 프리시트 모델 개념과 방법을 리더가 알고 있으면 도움이 된다.

(3) 기능 발달

세 번째 프로그램의 요소는 대화 발달기능이다. 이 목적은 부모가 정신지체아에게 성에 관한 개념을 어떻게 효과적으로 설명하고 이해시키면 좋은가에 대한 훈련을 하는 것이다.

부모가 종종 질문하는 것은 성에 대해 도대체 어떠한 것을 어떻게 이해하도록 자녀에게 이야기하면 되는가에 관한 것이다. 가령, 수태, 산아제한, 출산, 동성애, 성교 등을 들 수 있지만, 이것은 단순히 어떻게 설명하는 것이 아니고, 어느 정도, 어떤 때와 상태에서 어떠한 방법을 사용하는 것이 좋은지에 대한 질문이다. 또, 성에 관한 지식을 부모가 솔선해서 가르치는 것이 좋은지, 그렇지 않으면 아이가 질문할 때까지 기다리고 있어야 하는 것이 좋은지에 대한 질문이다.

이러한 대화훈련을 이 프로그램에선 역할극(Roll play)을 이용했다. 그룹리더와 참가자가 각각 부모가 되거나 아이가 되거나 해서 성교, 산아제한 등의 이야기를 하는 것이다. 또, 리더가 인형이나 그림책 등의 교재를 어떻게 사용하면 좋은지 모범을 보이기도 한다. 이 같은 역할극을 보고 다른 사람들이 평가하고 어떠한 방법이 효과적인지를 서로 이야기한다. 이 훈련을 프로그램의 마지막으로 사용하고 그룹의 참가자가 서로 잘 알게 되어 부끄럽다, 두렵다라는 감정이 서로 없어질 때 사용한다.

5) 프로그램의 전개

이상과 같이 콤플렉스 제거, 정보교환, 대화 기능의 발달 등 세 가지의 실천원리에 의해 성립한 프로그램이지만, 이 원리가 6회에 걸친 모임에서 어떻게 이루어졌는지에 대해 설명하겠다.

(1) 첫 번째 모임

처음으로 출석하는 참가자는 새로운 것에 대한 기대와 미지의 상태에 대한 불안이 섞인 감정으로 찾아온다. 그룹활동에서는 이 처음의 만남을 오리엔테이션이라 부르고 있다. 이것은 참가자가 새로운 상태에 익숙해질 필요가 있기 때문이다. 숙달은 단순히 미지의 사람만이 아니고 장소, 공간, 시간, 물체도 포함하고 있다. 이때 리더는 참가자가 느끼고 있는 것, 특히 양면가치적인 감정에 주의할 것을 잊어서는 안 된다.

처음의 불안감, 양면가치적인 감정을 진정시키는 때에 리더가 주체가 되어 다음과 같은 일을 한다. 우선, 리더가 짧은 자기 소개를 하고, 그 뒤 참가자에게 각각 자기 소개를 하게 한다. 이 경우, 참가자가 서로 알고 싶은 것, 즉 어떠한 일을 하고 있는 사람인지, 가족 구성은 어떤지, 특히 정신지체아의 모습에 대해 이야기하도록 지시한다. 특히, 자기가 알고 싶다고 하는 것, 또는 불안하게 생각하고 있는 것이 있다면, 덧붙이도록 지시한다. 참가자 한 사람 한 사람이 자신에 대한 것을 이야기하고 있을 때, 그 사람에게 주의가 집중되도록 한다. 특히, 리더는 흥미 있는 태도로 한 사람 한 사람의 이야기를 들어야 한다. 이것도 참가자가 처음에는 다른 사람이 자기에 대한 반응, 특히 리더의 반응에 민감하기 때문이다. 참가자는 처음부터 자기의 생각을 듣지 않았거나, 또는 자기의 존재가 무시된다면, 아마 다음 모임에는 다시 출석하지 않게 될 것이다.

리더가 참가자에게 대체 어떠한 것을 기대하고 있는가를 물으면, 보통 두 종류의 다른 반응이 나온다. 그 하나는 막연하고 추상적인 기대이다. 가령, 막연파의 대답은 '이 모임을 통해서 더욱 정신지체아에 대한 성을 배우고 싶다' 라고 하는 것이고 구체파는, '자기의 15세 아이가 자위행위를 그만두게 하는 것이 어떨지 또는 18세 딸의 단종수술을 해야 할지 하는 것'이다.

참가자가 이 모임에서 얻고 싶다고 생각하고 있는 것을 이야기 함으로써, 이 그룹 목적의 틀이 형성된다. 이 경우에 리더는 참가자가 모임에서 기대하고 있는 것을 칠판에 짧게 쓰도록 하면 그것을 정리해 볼 수가 있고, 자연히 모임의 방향과 목적에 대한 이해가 명확해진다.

다음에 리더가 다섯 개의 그룹목적을 짧고 이해하기 쉽게 설명한다. 이 다섯 개의 목적은 이미 언급했으므로 여기서는 되풀이하지 않겠다.

참가자의 소개와 기대하는 것, 모임의 목적 등에 대한 이야기가 끝나면 여러 가지 그룹활동이 시작된다.

그 처음의 그룹활동으로서 다음과 같은 게임을 하게 한다.

"여러분이 성이라는 말을 들었을 때에 그것과 관련되어 머리에 떠오르는 말은 무엇입니까? 생각하지 말고 직관적으로 대답해 주세요."

이 질문을 던진 후, 참가자 한 사람 한 사람에게 순서대로 머리에 떠오른 말을 듣는다. 리더는 하나 하나의 말을 쓰도록 한다. 보통 참가자가 하는 말은 다음과 같은 것이다. 사랑, 남녀, 부부, 쾌락, 성교, 어린이, 임신, 젊음, 미 등을 들 수 있다. 이 말이 일단 끝나면, 다음 게임으로 넘어간다.

"우선 눈을 감아 주세요. 눈을 감고 성에 대해 상상해 주십시오. 어떠한 이미지가 머릿속에 나타납니까? 이미지가 만들어지면 가능한 그것을 선명하게 해 주십시오." 1분 정도 시간을 두고 눈을 뜨도록 지시한다. 그 후, 임의로 자기 머리에 떠오른 이미지를 듣는다. 사람들의 머리에 그린 이미지는 여러 가지 다른 것도 나오지만, 대체로 어느 그룹에서나 다음과 같은 것들이 나온다.

'젊은 남녀가 손을 잡고 아름다운 해변을 산책하고 있다.'

'남편과 내가 침대에 같이 있다.'
'아내와 내가 성교하고 있는 이미지이다.'

3~4인 정도 자기의 이미지를 이야기하게 한 후에 리더는 그것을 짧게 칠판에 써둔다. 이것은 간단한 게임이지만, 사람들의 머릿속에 그린 이미지는 학력, 연령, 성에 대한 태도, 경험에 의해 대개 차이가 나는 것 같다. 그 중에는 진짜 소수이지만, 전혀 이미지가 떠오르지 않는다고 하는 사람도 있다.

이 게임의 목적은 두 가지이다. 그 하나는 참가자에게 자기가 갖고 있는 성에 대한 생각을 발견하게 하고 명확히 하는 것, 또 하나는 그것을 남 앞에서 이야기하도록 '허가' 하는 것이다. 또, 다음에 리더는 칠판에 쓰여진 참가자의 성에 대한 반응을 이야기하도록 지도한다. 보통 리더가 기대할 수 있는 것은 참가자의 성에 대한 반응이 소위, 사회가 공인하고 있는 성 태도 행동인 것이다. 대부분의 사람에게 있어서 성은 성교이고, 서로 사랑하는 젊고 아름다운 남녀가 정상위로 성교를 하고 결국은 어린이를 갖는다고 하는 소위, 스테레오 타입적인 반응이다.

거기에서 리더는 정신지체인들의 성, 노인의 성, 신체장애인의 성이 대체 우리들이 보통 생각하고 있는 성과 어떻게 합치될 것인지, 전혀 합치될 수 없는 것인지에 대한 질문을 제시한다. 이때 사회 일반이 공인하고 있는 성, 참가자 자신이 생각하고 있는 성, 그리고 정신지체인들의 성에 대한 태도, 사고 등의 이야기 교환이 이루어진다.

그러나 이 단계에 있어서는 참가자가 완전히 자유로운 토론을 하는 것은 기대하기 어렵다. 참가자가 서로를 신뢰할 수가 없고, 발언에 있어서도 이 같은 것을 이야기하면 다른 사람이 자기를 어떻게 평가할까라는 것을 걱정하고 있기 때문이다. 따라서 이 단계에서는 조금씩 성에 대한 태도의 재인식이 시작되어지고, 자기가 생각하고 있던 것 이외에도 성에 대한 생각이 있다는 인식을 가지고 시작하는 것이 효과적이라고 생각한다. 서로 이야기할 때, 서로를 발견하고 리더가 인간의 성에 대한 정의 같은 것을 소개하는 것도 한 방법이다.

가령, 성의 첫 번째 요소는 관능이다.

심리적 및 생리적 쾌감을 자기의 신체에서 얻는 것이다. 이것은 단순히 성기의 자극만이 아니고 신체 전체의 자극과 오르가 즘을 경험함에 의해 긴장감을 완화할 수 있는 것도 가리킨다.

두 번째 요소는 성이 가지는 인간의 친밀감이다.

이것은 자기 개방의 기쁨과 다른 사람에게 가깝다고 하는 상호의존의 표현이다.

세 번째는 자기 주체성의 확인이다.

이것은 자기가 남녀라는 감각을 타인에게 투영함으로 해서 자기 확인이 된다는 것이다. 또, 자기가 남자이고 여자라고 하는 주체성의 확인은 그 사람의 성장기에 있어서 부모, 형제, 교사, 친구 등과의 상호작용에 의해 교육된 이미지의 투영이다.

네 번째 요소는 생식이다.

이것은 아이를 낳는 자가 기대하는 태도, 행동을 가리킨다.

다섯 번째 요소는 인간 상호작용의 감화력이라고도 말할 수 있다.

그것은 자기들의 성적 태도, 행동을 사용해서 인간의 비성적 행동에 영향력을 주도록 하는 것을 가리키고 있다. 이 일례는 관능적 여성을 홍보에 사용해서 성과 관계없는 물건, 자동차 등을 판다고 하는 것이다.

이와 같은 것을 생각하면 현대사회는 이런 것으로 넘쳐 있다고 생각되어진다. 이처럼, 성의 요소를 가능한한 알기 쉽게 설명하고, 성이란 성교만을 가리키는 것이 아니고 넓은 의미가 있는 것을 참가자에게 이야기한다.

이 정도로 첫 번째의 모임 두 시간이 지나가 버렸다. 마지막으로, 리더가 지금까지 서로 이야기한 개요와 다음 모임의 내용을 설명하면 첫 모임이 끝나게 된다.

(2) 두 번째 모임

이 모임에는 두 가지의 주목적이 있다. 그 하나는 참가자의 성에 대한 콤플렉스를 감소시키는 일이고, 또 하나는 정확한 성기, 생리반응 등의 지식을 제공해 주는 일이다. 우선, 성생리, 성기, 성교를 찍은 100장의 슬라이드를 보여 주는 일부터 시작했다.

이 슬라이드는 최신의 정확한 성 지식에 근거해 만들어진 것으로 누구나가 정확하고 새로운 지식을 배울 수 있도록 한 것이다. 그러나 이 슬라이드는 너무나도 선명하게 성기, 성교를 보여 주므로 처음 이 같은 필름을 보는 사람에게 큰 충격을 주는 것이다. 따라서 리더가 상영하기 전에 이 슬라이드의 성에 대해서 경고에 가까운 말을 해둔다. 조금이라도 마음의 준비를 해두도록 하기 위한 것이다.

슬라이드 상영이 끝난 후 리더가 슬라이드에 대해서 또 그것에서 얻은 성 지식에 대해서 서로 이야기할 수 있도록 지도한다. 우선 참가자의 정서적 반응에서 이야기하도록 하면, 대체적으로 '굉장히 긴장감을 느꼈다', '죄의식을 느꼈다', '부끄러워서 남의 얼굴을 볼 수 없었다', '보면서 혐오감과 불안감에 싸였다' 등의 부정적 감정의 경험이 압도적으로 많이 표현된다.

무엇을 배웠는가라는 질문에 그다지 대답이 나오지 않는다. 그러나 다음 모임이 되면 슬라이드를 통해서 여러 가지 배운 것이 나온다. 그 다음에 이야기하는 것은 어째서 이 같은 부정적 감정을 모두 같이 느끼는 것일까라는 것이다. 그 토론에서 '사회가 성에 대해서 이야기하고 보는 것을 인정하고 있지 않다.' '성은 개인의 프라이버시니까' 따위의 비교적 추상적인 것이 이야기되어진다. 그래서 리더가 추상적인 반응을 개인의 경험에 결부시키도록 도와주고 '사회'보다, 자기 과거의 경험을 통해서 설명하도록 지도한다.

가령, 어릴 때에 성교에 관한 책을 몰래 보고 있는데 부모에게 발견되어 몹시 혼난 경험이 있다, 자기 집에서는 성에 대한 이야기는 한 마디도 꺼낼 수 없었다, 자기가 자위행위를 하다가 부모에게 들켜 혼났다, 아무래도 자기 아이에 대한 태도, 행동은 자기 부모와 전혀 다르지 않을까 생각된다, 왠지 더욱 개방적이 되고 싶다 등의 의견이 나온다.

이 이야기가 대체로 끝났을 때에 이 모임의 마무리로서 리더가 다음과 같은 게임을 지도한다.

명함게임

이 게임에 필요한 것은 가로 세로 15cm 정도의 카드와 연필이다.
리더는 칠판을 사용해 하나 하나 지명을 한다.

(1) 카드 중앙에 자기 이름을 쓰세요.

(2) 그후 카드를 4개로 구분하기 위해 카드 중앙에 세로 선과 가로 선을 그으세요.
4개의 다른 장소가 만들어졌죠. 그런 다음 왼쪽 상단에 '일시'라고 쓰세요.
이번엔 그 반대쪽에 해당하는 오른쪽 상단에 '장소'라고 쓰세요. 그 다음에 왼쪽 하단에 '사람들'이라 쓰고, 마지막으로 오른쪽 하단에 '기타'라고 쓰세요.

됐습니까? 카드 속에는 '일시', '장소', '사람들', '기타'라는 공간이 만들어져 있죠. 이제부터 그 하나 하나의 공간에 맞는 질문을 하니까 그 공간에 자기의 대답을 기입해 주세요. 그러면, 시작하겠습니다.

(3) 우선 '일시'란 장소에 다음 질문의 답을 쓰세요.

    (a) 당신이 처음으로 자기 자신의 성적 매력이 있는 것을 느낀 것은 몇 세 때입니까?

    (b) 당신이 몇 세가 되면 성적 매력이 없어진다고 생각합니까?

    (c) 당신이 처음 장애인과 접한 것은 몇 세 때입니까?

(d) 당신이 어른과 성에 대해서 부담 없이 이야기할 수 있게 된 것은 몇 세 때입니까?

[장소]의 공간에 다음 질문의 답을 쓰세요.

    (a) 당신의 인생에서 가장 큰 변화가 있었던 장소는 어디 입니까?

    (b) 당신이 처음 성적 경험을 한 장소는 어디 입니까?

    (c) 당신이 지금까지 가장 깊은 애정의 경험을 한 장소는 어디 입니까?

    (d) 당신이 자신은 성적 인간이라고 발견한 장소는 어디 입니까?

[사람들]의 공간에 다음 질문의 답을 쓰십시오.

    (a) 당신의 성교육에 가장 큰 공헌을 한 사람은 누구입니까?

    (b) 당신이 자기보다 성적 경험도 있고, 성적 매력이 있다고 생각하고 있는 사람은 누구입니까?

    (c) 당신이 성에 대해서 가장 이야기하기 어려운 사람은 누구 입니까?

[기타]의 공간에 다음 질문의 답을 쓰세요.

(a) 타인이 당신에게 무언가를 해주는 일로 당신을 기분좋게 만드는 것은 무엇입니까?

(b) 당신이 오랫동안 믿고 있었다던가, 당신의 생활에 영향이 있었던 성에 관한 미신은 무엇입니까?

(c) 당신의 사춘기는 몇 살 때 끝났다고 생각합니까?

(d) 만약 당신이 사춘기를 반복할 수 있다면, 당신이 사춘기의 성에 대해서 바꾸고 싶은 것이 있다고 생각하는 것은 무엇입니까? (감정, 성 정보, 경험을 포함)

참가자가 모든 대답을 카드에 기입하면, 리더가 참가자에게 3인 1조의 작은 그룹을 만들도록 지시한다. 그 경우, 아는 사람과는 같은 그룹에 들어가지 않도록, 또 부부도 다른 그룹에 들어가도록 지시한다. 이 작은 그룹에서 누구라도 임의로 자기가 좋아하는 대답부터 서로 이야기하도록 하고, 또 한 사람이 이야기를 하고 있을 때에 다른 사람은 주의깊게 잘 듣고 있도록 지시한다.

이 게임을 하면, 참가자는 다음과 같은 경험을 할 수가 있다. 우선, 서로 다른 사람이 자기와 비슷한 경험을 하고, 더구나 같은 것을 생각하고 있다는 것이다. 또, 자기 자신의 성적 성장을 뒤돌아볼 기회도 갖고 그것과 동시에 자기의 현재 성에 대한 태도가 어떻게 해서 형성되었는지의 이해에도 도움이 된다.

또, 이 게임을 통해서 참가자의 상호관계가 한결 두텁게 되는 것 같다. 이것도 지금까지 그다지 남과 이야기한 적이 없었다는 것, 특히 성장기의 성을 생각하고 이야기함으로 해서 무언가 새로운 친구를 발견한 듯한 기분에 젖게 하는 것 같다.

이 게임에서 두 번째 모임이 끝이 나지만, 만약 시간이 남은 경우는 인간의 성적 성장과정에 대해서 이야기하는 것도 좋은 일이다. 그 경우에 리더가 정신분석학파라든가 사회학습파의 생각, 또는 이 책의 전편에서 언급한 성 시나리오 등의 지식이 있으면 대단히 도움이 된다.

(3) 세 번째 모임

세번째 모임이 되면, 참가자와 멤버가 안정되어 가는 법이다. 이미 도중에서 탈락한 사람들은 처음의 두 번째 모임에서 모습을 보이지 않게 된다. 참가자가 안정됐다는 것은 처음 선명하지 않았던 생각이 해결되고, 모임의 목적이 명확해지고, 얻은 것이 있고 자신감이 생겼다는 것이다. 또, 자기들의 그룹이라는 강한 의식도 생기는 법이다. 두 번째 모임에서는 그다지 정신지체아들의 성에 관해서 이야기가 되지 않지만, 이 세 번째 모임부터는 이 과제가 중심이 된다.

이 모임은 정신지체아(또는 어른)의 성적 욕구는 비장애인과 다른가, 같은가라는 폭넓은 물음부터 이야기가 시작된다. 그러나 이 물음에 대한 대답은 같다, 또는 같지 않다라고 하는 간단한 대답이 아니다. 부모가 정신지체아의 성적 욕구를 잘 이해할 수 있도록 의도되어 있다. 정신지체라고 한마디로 부르지만, 경증에서 중증까지의 어린이를 생각할 수 있고, 성적 욕구도 각각 다를 것이라고 생각하고 있다.

리더는 여기에서 이야기를 여러 다른 방향으로 이끌어 가는 것을 생각할 수 있지만, 일반적인 지적 토론보다도 더욱 개별화된 수준의 이야기를 참가자가 요구하고 있는 것을 잊어서는 안된다고 생각한다. 거기에는 참가자가 자기 아이의 성적 표현의 관찰과 경험에 초점을 두도록 리더가 지도할 필요가 있다.

이를테면, 15세 남자 아이가 갑자기 여성에게 흥미를 갖기 시작하고, 여성에게 이야기를 걸기도 했다. 아무래도 자기 아이가 자위행위를 하고 있는 모양이다, 남자 또는 여자 사진을 종종 보고 있다, 복장에 흥미를 갖기 시작했다는 등의 화제가 부모들로부터 나온다. 그러나 반드시 전부의 참가자가 이 같은 관찰을 한 것이 아니고, 어떤 부모는 자기 아이가 성적 흥미를 전혀 나타낸 적이 없으므로 대체 무엇을 언제부터 기대하면 좋은가라는 말을 꺼내기도 한다.

어린이의 연령과 지능지수 등을 비교해서 서로 이야기함으로써 정신지체아의 성적 행동의 분석을 서로 할 수 있다. 참가자가 비장애아를 갖고 있는 경우에 그 아이와 정신지체아를 비교하는 것이다. 결론적으로, 어떤 부모는 그다지 성적 요구는 비장애인과 다른 것이 아니라고 생각하고, 어떤 사람은 천차만별인게 아닌가라는 의견을 갖는다.

필경, 양자가 모두 옳은 것이 아닌가 생각된다. 이것도 정신지체아 사이에서도 비장애인 사이와 마찬가지로 사람들의 성적 욕구는 굉장히 폭이 넓다고 볼 수 있다. 한마디로 정신지체아니까라고 말할 수 없는 것이다.

토론의 중심이 결국은 정신지체인들의 성적 욕구 표현에 대한 사회적 억압이란 것으로 옮겨간다. 리더가 하는 일은 정신지체인들의 성에 대한 사회적 억압을 역사적으로 설명하는 일이다. 어째서 성적 억압이 실시되었는지, 또 그 방법은 어떠한 것이었는지, 또 성적 억압에 관해서 정상화 원리가 어떻게 변화를 초래했는지에 대한 설명도 가능하다.

여기에서는 리더가 새로운 성에 대한 관념이나 다른 면에서 정신지체인의 성을 보도록 부모에게 권하고 있다. 새로운 사고방식에 대한 저항, 반대의 감정이라는 것도 머릿속에 넣어 둘 필요가 있다. 이것은 정신지체아의 부모도, 사회의 차별적 편견을 다른 일반인들과 마찬가지로 갖고 있기 때문이다.

　정신지체인의 성에 관해서 여러 가지 미신을 갖고 있는 것도 생각할 수 있다. 또, 어떤 부모는 자기 아이에게 비장애인과 같은 경험을 원하고 있지만, 현실적으로는 불가능하다고 생각하고 있다. 여러 생각이 있고, 종종 격렬한 의견교환이 되는 경우도 있지만, 이것은 참가자가 생각하고 있는 것을 표현하는 것이고 자기 태도가 한걸음 변한 것이라 해도 좋다고 생각한다. 이 이야기가 끝이날 무렵에 리더가 다음 게임을 소개한다.

가치관의 명료화 게임

리더가 이 게임에 대해 다음과 같이 설명을 한다. '대개 우리들 주위에 있는 생활의 문제는 대부분의 경우, 좋고 나쁜, 흑백이 확실치 않다. 어느 쪽도 아니고 색으로 말하면 회색인 경우가 많은 셈이다. 이와 같은 문제를 다루려면 하나만이 아니고 여러 개의 방법을 생각할 수 있는 것이다. 이를테면, 정신지체인들의 결혼 하나를 생각해도, 양극단의 입장을 생각할 수 있다. 어떤 사람은 결혼을 장려해야 한다고 생각하고, 어떤 사람은 그 반대 입장으로 결혼하지 말아야 한다고 생각한다. 따라서 누구나가 이 양극단의 어딘가의 한 점에 서게 된다. 그래서 이제부터 여러 과제의 양극단 입장을 소개하겠다.

'자신이 어느 위치인지 표시하세요.' 라고 설명한 후에 칠판에 다음과 같이 가치관을 쓴다.

(1) 당신은 성에 관해 어떠한 입장을 취합니까?

(2) 당신은 임신에 대해 어떠한 입장을 취합니까?

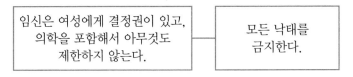

(3) 당신은 10대의 피임도구 사용을 어떻게 생각합니까?

연령, 부모의 허가없이 자유로이 피임도구를 준다.	10대 성교섭을 반대하므로 피임도구는 줄 수 없다.

(4) 정신지체인들의 결혼에 대해서 어떻게 생각합니까?

결혼하도록 강하게 권한다.	결혼은 절대로 시키지 않는다.

(5) 10대인 정신지체인들의 피임도구 사용을 어떻게 생각합니까?

사춘기에 접어든 여성에게 피임도구를 준다.	산아제한은 금지

그 뒤, 리더가 우선 처음의 '성에 관한 입장'을 읽고 참가자에게 일어서도록 해서, 양극단의 한쪽에 자기입장이라고 생각되는 곳에 위치를 정하도록 한다.

참가자가 위치를 차지하면, 리더가 한 사람, 한 사람에게 입장을 들어보고, 또 어째서 그 입장을 취했는가 이유를 듣는다. 다른 사람이 취한 입장의 이유를 듣고, 자기의 입장을 바꾸고 싶은 사람은 자유로이 이동할 수 있다.

첫 번째가 끝나면, 두 번째, 세 번째 순서대로 리더가 과제를 읽고 나서 참가자가 양극단의 어느 한쪽에 자기 위치를 찾도록 한다. 이 게임을 함으로 해서 부모가 하나 하나의 과제에 대한 자기가치관을 명확히 하고, 그것과 동시에 다른 사람의 입장을 알고, 사물을 보는 방법이 단순히 두세 가지가 아니고 대단히 폭이 넓은 것을 깨닫는 것이다. 마지막으로, 리더가 짧게 이 모임의 요점을 이야기하고 세 번째 모임이 끝나게 된다.

(4) 네 번째 모임

그룹도 이 단계까지 발전하면 리더는 다음과 같은 성격에 대해 짐작하리라 생각한다. 그것은 그룹으로서의 결함이 형성되고 참가자의 상호의존이 성립되면서 그룹을 하나의 모체로 해서 자기들의 문제해결에 노력하고 있는 모습을 알게 될 것으로 생각된다. 따라서 리더는 점점 참가자가 서로 지원할 수 있도록 노력을 기울일 필요가 있다.

이 네 번째 모임은 전 모임이 연속된 것이다. 그러나 모임 내용의 초점을 보다 참가자의 개인적인 문제에 두는 것이다. 이 모임의 첫 번째 리더는 두 개의 질문을 참가자에게 제시한다. 자기 아이의 성에 관한 일로 가장 알고 싶다고 생각하고 있는 것, 해결하고 싶은 문제는 무엇인지? 두 번째 질문은 성에 관해 어떠한 것을 자기 아이에게 가르치고 싶다고 생각하고 있는가?

부모의 질문은 많고, 그 내용도 간단한 것에서 대단히 복잡한 것까지 있다. 가령, 보통 나오는 질문은 자위행위에 관한 상담, 여자의 단종, 결혼, 임신상담, 남녀교제의 기회를 주려면 어떻게 하면 좋은가, 어린이에게 듣기 전에 부모가 성교육을 시작할지 또는 어린이가 묻기까지 기다리고 있을지에 대한 질문이 있다. 또한 부친, 모친 어느 쪽이 자녀에게 성에 관해 이야기하면 좋은지, 어떻게 여자에게 생리에 대해 설명하고, 스스로 처리할 수 있도록 가르치면 좋은지, 어떻게 어린이를 위험에서 지키면 좋은가 등이 있다.

물론, 이렇게 해서 나온 질문의 하나 하나에 대해서 자세히 이야기를 해 가는 것은 시간적으로 무리한 일이므로 좋은 방법이 아니라고 생각한다. 이 모임의 목적은 그룹을 통해서 각각

자기 자신의 문제해결 방법을 배우는 것이기 때문이다. 하나, 둘 공통적인 질문을 꺼내어 그것을 참가자가 같이 생각해 가는 편이 좋다. 여기에서도 이야기된 일례를 들겠다.

13세 된 여자 아이를 가진 부모가 다음과 같은 문제를 제시했다. 이 아이는 마음이 착하고 붙임성 있는 아이로 곧 사람을 잘 믿고 사람에게 쉽게 친숙해지지만, 그렇기 때문에 오히려 사춘기가 되니 점점 걱정된다는 것이다.

이 부모의 문제는 가능한한 아이가 자립할 수 있게 되었으면 좋겠고 그 때문에 새로운 경험을 했으면 좋겠다고 생각한다. 그 반면 이 아이가 타인이나 상황에 대한 판단능력이 결여되어 있으므로 아무래도 감독을 필요로 하고, 그 때문에 과보호가 되어 있는 느낌도 든다고 하는 것이었다. 아이의 자립과 보호는 비장애인에게도 해당되는 일이지만, 정신지체아에게는 보다 심각한 문제가 된다. 정신지체아는 같은 연령이라도 신체의 발달, 지능 발달, 사회기능 발달에 현저한 차이가 있기 때문이다. 신체는 어른이어도 그 아이의 사물에 대한 사고방식, 태도, 행동 등은 어린아이 정도인 경우가 있기 때문이다.

이 질문을 한 부모는 수개월 전에 아이가 어디에 갔는지 조차 모르는 경험을 한 일이 있고, 그 이후 점점 불안이 증가하고, 늘 아이를 감시하고 있다는 느낌이 들었다는 것이다. 이 문제는 정 신지체아 부모라면 누구나가 경험하고 생각하고 있는 일이므로 참가자 전원의 공통적인 과제가 된다.

리더는 우선 다른 참가자의 경험, 태도, 행동을 이야기하도록 권한다. 이 화제의 중심은 아이를 자립시킴과 동시에 어느 정도 의 보호를 하면 좋을까라는 토론이다. 대개 의견의 일치를 보는 것은 우선 부모가 13세 아이의 행동을 하루 종일 감시하는 것은 불가능하고, 바람직한 것도 아니기 때문에 아이에게 상황판단, 특히 타인에 대한 판단을 조금이라도 할 수 있도록 평소에 가르 치는 것, 또 자기 행동의 적절성을 가르치는 일이 필요하다는 결론이었다. 그리고 부모는 우선 아이의 사회적 능력의 평가를 끊임없이 필요로 하고, 평가에 의해 어느 정도의 자유를 줄지를 결정하게 했더니 좋은 방향으로 나아졌다는 것이었다.

그 다음 화제가 되는 것은 도대체 부모는 어떻게 아이의 사회적 판단능력을 향상시키면 좋겠는가 하는 것이었다. 거기에 관해서는 여러 가지의 방법이 시사되고, 자기의 경험과 학교 교사가 아이에게 가르치고 있는 방법 등이 이야기된다. 결론으로서, 판단능력을 가르치는 것은 일시적으로는 할 수 없고 늘 신경쓰지 않으면 안되는 일이고, 특히 아이 자신의 경험을 통해서 가르치는 것이 가장 바람직하다. 가령, 처음 사람을 만났을 때의 태도, 예의를 가르치도록 한다. 또, 모르는 사람은 아무리 친절한 사람이어도 따라가지 않도록 하고, 아이의 밖에서의 행동범위를 확실히 결정해 놓고, 아이와 함께 역할극을 하며 가르치는 등의 방법을 제시한다.

이같이 해서 공통의 문제가 서로 오가고, 서로가 돕는 것이 이 모임의 주 목적이다. 그러나 이 장에서는 배운 것을 실제로 자신이 처한 상황에 맞추어 실행에 옮기는 것은 부모의 책임이다. 그 중에는 여러 가지 새롭게 배운 것을 실행에 옮겨 노력하는 사람도 있지만, 그 반면 서로 이야기한 것으로 그치고 그것을 전혀 실행에 옮기지 않는 부모도 있다.

이 모임의 마지막에 리더가 이야기한 주요내용을 대략 설명하고, 다음의 2회에 걸쳐 거론될 커뮤니케이션 기능에 대해 예고를 하고 모임을 마친다.

(5) 다섯 번째 모임

제 5, 6의 모임은 참가자의 의사전달기능 발달이 주목적이다. 이것은 정신지체인에게 성 지식을 어떻게 하면 정확하고 명확하게 전달할 수 있을까 하는 방법에 대한 훈련이다. 역할극이 이 모임의 중심이 되어 있다. 그 후, 리더와 참가자가 같이 유효한 의지전달에 필요한 요소는 대체 무엇인가를 서로 이야기를 나눈다. 가령, 어떠한 말을 선택해서 사용하면 좋은지, 문장 만드는 법, 표현, 화제 등을 들 수 있지만, 거기에 대한 성공담, 실패담 등도 이야기된다.

리더가 주의를 촉구해야 하는 것 중 하나는 커뮤니케이션이란 단순히 말만의 전달이 아니고 신체 전체가 표현하는 무언의 메시지도 포함되어 있다는 것이다. 어떤 것은 우리들이 말로 표현하고 있는 것과 정반대의 것을 몸이 전달하고 있는 경우도 있다. 리더가 그같은 예를 들어 설명하는 것도 필요하다. 다음에 참가자가 자기 아이와의 의지 전달에서 장애가 되는 요소는 무엇인가를 토론한다.

보통, 이 화제의 중심은 아이가 말에 대한 이해력이 부족하다, 남의 이야기를 주의해서 들을 수 없다, 총체적으로 이해력이 결여되어 있다, 알았는지 몰랐는지 반응이 없을 때가 많다, 곧 잊는다 등을 들 수 있다.

그 후, 리더가 참가자에게 명확히 전달해야 할 필요가 있는 것은 이 역할극 훈련은 부모의 의사전달 능력의 개선이고, 아이의 능력 개선은 아니라고 하는 것이다. 이 두 개를 혼돈해서 생각하는 사람이 있으므로 어디까지나 여기에서는 부모가 중심이 되어 있는 경우임을 명확히 해 둔다. 이 후에 역할극이 시작된다.

역할극을 할 경우에는, 간단한 상황에서 보다 복잡한 상황으로 진행하는 방법이 좋다. 그래서 리더는 참가자에게 어린이가 이해해 주었으면 하는 것이 무엇인지 질문한다.

▶예 1◀ 초경, 월경

여자아이에게 초경 준비를 어떻게 지도할지, 생리대와 탐폰 사용방법을 어떻게 가르치고 스스로 사용할 수 있도록 지도할지, 월경시 위생법, 또 팬티 등을 더럽힌 경우, 특히 자기집이 아니고 다른 곳에서 일어났을 때 어떻게 처리를 하면 좋을까?

▶예 2◀ 성교, 임신, 출산

어떻게 성교, 임신, 출산을 가르치는 것이 좋을까?

▶예 3◀ 산아 제한

산아 제한을 어떻게 설명하면 좋을지, 또 그 방법을 어떻게 지도하면 좋을까?

　이 세 가지의 예는 보통 부모가 정신지체아에게 알려주고 싶어 하는 사항이지만, 물론, 이 밖에도 참가자에 따라 여러 가지 사항이 나온다. 따라서 각 그룹에 따라 역할극의 과제가 다르지만, 어느 과제에서도, 참가자 자기의 경험을 가능한 한 활용해서 서로의 의지 전달능력을 개선하는 것이 이 모임의 중요한 핵심이다.

역할극이 시작되면, 리더가 참가자 중에서 임의로 처음에 하고 싶은 사람을 모은다. 비교적 쉬운 과제는 출산이니까, 이것부터 시작하도록 한다. 그러나 자의로 하는 사람이 없다면 리더가 부모역이 되고, 누군가가 자식이 되도록 한다.

정신지체아의 연령, 성, 지능 정도를 일단 정해 놓는다. 가령, 리더가 역할극에서 아이 역을 맡아주는 모친에게 "제가 부모가 되고, 당신이 14세 지능발달 정도의 여자 아이가 되어 주세요. 이름을 베티로 하고 화제는 출산으로 합니다. 저는 베티가 출산에 대해 이해할 수 있도록 이야기합니다"라는 설정을 한다.

모친 : 베티, 할 이야기가 있어, 아무래도 집 고양이 어미에게 새끼가 태어날 것 같아.

베티 : 정말! 한 사람일까?

모친 : 동물은 한 사람이라고 말하지 않아. 한 마리, 두 마리, 세 마리라고 말한단다. 그런데 베티야, 새끼가 어떻게 해서 태어나는지 아니?

베티 : 엄마 뱃속에서 나오지.

모친 : 뱃속에서 나오는 게 틀린 것은 아니지만 더 잘 가르쳐 줄까?

베티 : 응.

모친 : 어미의 배 아래쪽에 자궁이라 불리는 곳이 있단다. 새끼는 그 안에서 자란단다. 여자는 누구에게라도 자궁이 있단다. 베티에게도 자궁이 있고, 엄마에게도 있어. 베티도 처음은 엄마 자궁 속에서 자라서 나온 걸. 남자에게는 자궁이 없으니까 아이를 낳을 수 없단다. 자궁이라고 말해 보렴.

베티 : 자궁.

모친 : 자궁이란 말 기억해 두렴. 아기는 자궁에서 자라서 태어날 준비가 되면 엄마의 질을 통해서 밖으로 나온단다. 질이라고 해봐.

베티 : 질.

모친 : 여자에겐 누구에게나 질이 있지. 질은 넓적다리 사이에 있단다. (손가락으로 표시한다.) 바로 소변이 나오는 곳 옆이지. 아이가 태어날 때는 자궁에서 질을 통해서 나온단다. 아이가 나올 때, 엄마는 진통이라고 해서 자궁이 아

프단다. 그렇게 되면, 사람은 병원에 가서 의사랑 간호사의 도움을 받아 아기를 낳게 된단다. 하지만, 어미는 고양이니까 병원에 가지 않아도 집에서 새끼를 낳을 수가 있지.

베티 : 어미는 훌륭해.

모친 : 어미가 새끼를 낳을 때 같이 도울까?

베티 : 응.

위의 역할극 대화는 출산에 대한 처음의 대화를 서술한 것이다. 물론 이후에 아이의 호기심, 동기, 이해력에 따라 여러 방향으로 이야기가 발전해 나간다.

역할극이 끝난 후, 참가자가 대화를 평가하도록 하자. 가령, 이야기 정도는 아이에게 적당한가, 정보는 정확한가, 부모의 태도는 어떤가, 부담 없이 자연스럽게 이야기했나 등을 평가할 수 있다.

프라시트 모델은 성 상담의 실천적 틀로서 장애인 및 비장애인 쌍방의 성적 문제에 맞출 수 있는 방법이다. 그러나 어디까지나 실천자의 방법 모델이고, 이 모델을 사용할 경우, 스스로 각자의 상황, 문제에 맞춰갈 필요가 있다. 여기에서는 골자를 제공한 것에 불과하고 실천자가 스스로 살을 붙여나가고, 눈, 입 등을 덧붙여가는 것과 같은 것을 의미하고 있다.

물질을 다루는 것과 달리, 인간과 활동하는 경우는 인간관계란 복잡한 교류를 필요로 하고, 한 사람의 인간관계가 독특한 이상, 직원의 창조성이 상담의 성공여부에 큰 무게를 차지하고 있다.

장애인에게 접촉하는 사람들의 인권을 존중하는 태도와 휴머니즘이 없이는 어떠한 방법이라도 전혀 의미가 없다는 것을 잊어서는 안 된다고 생각한다.

이처럼, 비판이나 이야기 교환이 끝난 후에는 차차 참가자가 교대로 똑같이 여러 논제에 대해 역할극을 하고, 모든 참가자가 한 번은 반드시 기회를 제공받게 한다. 1조가 끝날 때마다 전과 마찬가지로 평가와 토론을 한다. 여기서 덧붙여 둘 것은 참가자의 의사전달기능을 보다 객관적으로 평가하기 위해 '커뮤니케이션 판정 스케일'이란 것을 작성하고 이 스케일을 평가에 사용하는 것이다. 이 스케일은 부모의 커뮤니케이션 기능의 네 가지 영역을 평가할 수 있도록 만들어져 있다.

이 네 가지란, 주제의 적절성, 설명의 명확도, 정보의 정확성, 부모의 태도이다. 이 하나 하나의 영역은 최저에서 최고 다섯 가지의 기능단계로 구별되어 있고, 한 사람 한 사람의 기능 점수를 얻을 수 있도록 되어져 있다. 이것에 의해 몇 번 훈련을 반복할 때마다 기능 점수가 높아지게 되는 것을 객관적으로 안다. 이 이상의 스케일의 상세함은 여기에서는 생략하지만, 스케일의 사용이 역할극에 도움이 되는 것을 첨가해 둔다.

(6) 여섯 번째 모임

이 최후의 모임은 앞 모임의 연장이지만, 앞 모임이 성에 관한 일반적인 지식, 커뮤니케이션에 집중해 있었던 것이, 이 모임에서는 문제라고 생각되어지는 것으로 역할극에 집중된다. 리더가 우선 참가자에게 자기가 문제라고 생각하는 상태를 제시하도록 부탁한다. 만약, 그다지 문제 제기가 되지 않을 경우 리더가 예를 제시할 필요가 있다.

다음은 두 번째, 세 번째 예이다.

⑴ 17세의 남자아이가 거실에서 남들은 아랑곳없이 자위행위를 하고 있는 경우, 부모는 어떻게 이 상황을 다루면 좋을까?

⑵ 15세 남자아이가 '동성애'가 무엇이냐고 부모에게 질문했다고 하자. 이것도 친구가 하는 말을 들었기 때문이다. 부모는 어떻게 이것을 설명하면 좋을까?

⑶ 17세 여자아이가 아기를 갖고 싶다고 갑자기 이야기하게 되었다. 정말로 갖고 싶은 듯 진지하게 말이다. 부모는 어떻게 다루면 좋을까?

⑷ 24세 정도의 정신지체인 남자가 17세의 경도 정신지체인 여자와 연애를 해서 꼭 결혼하고 싶다고 말하고 있다. 부모는 어떻게 다루어야 할까?

위의 예는 문제가 대단히 복잡하게 되어져 있고, 그 문제에 대한 부모의 커뮤니케이션도 쉬운 것이 아니다. 그러나 역할극에서 훈련할 수 있는 것은 우선 문제에 직면한 경우, 어떻게 접근하면 좋을까라는 것이다. 물론, 이러한 문제의 해결방법은 한 가지는 아니므로, 부모가 여러 커뮤니케이션의 방법이 있다는 것을 배웠다면 그것으로 해야 한다. 역할극 방식은 앞 모임에서 한 것과 같고 우선 리더가 먼저 해 보고, 그 다음에 순서대로 부모가 해야 한다.

역할극의 논제를 선택하는 경우, 부모가 가장 곤란하다고 생각하고 있는 문제를 선택하는 것이 유익하다. 하나 하나의 역할극을 한 후, 앞 모임과 마찬가지로 평가와 토론이 행해진다. 이것이 마지막 모임이므로 모임이 끝나기 30분 전에 프로그램 전체를 평가할 기회를 참가자에게 줄 필요가 있다.

어떤 사람들은 이 모임을 더 지속했으면 하고 바랄 수 있다. 그러나 처음부터 결정된 프로그램을 이 이상 계속하는 것은 의미있는 것이 아니다. 그러나 리더는 참가자의 기분을 이해하고, 가능한 주요내용을 다시 상기하고, 배운 사항을 하나 하나 생각함으로 해서 한층 능동적 태도로 모임을 끝낼 수 있다.

참가자의 프로그램 평가가 끝나면 마지막으로 리더가 이 모임을 통해서 느낀 것, 배운 것, 그리고 경험의 주요내용이 무엇이었나를 이야기하고 모임을 종결한다.

이상, 정신지체아를 가진 부모를 위한 성교육 프로그램의 한 방법을 서술했지만, 물론 이 같은 모임은 1회라도 좋고, 3회라도 좋다. 대체 무엇을 목적으로 하는가에 따라 모임 횟수가 결정되는 것이고, 생활 상황에 따라서는 여러 회 모임을 계속하는 것은 어려울지도 모른다.

중요한 것은, 이 같은 기회를 부모에게 준다고 하는 것이라고 생각한다. 또, 이 같은 형태의 성교육은 시설의 직원에게도 해당되는 것이고, 정신지체인들의 성교육은 직원, 가족으로부터 시작해 가지 않으면 안 된다는 것을 강조해 둔다.

이 방법 편은 병원, 재활시설, 복지시설 등의 전문직원을 염두에 두고 쓴 것이다. 지금까지, 장애인의 성과 결혼에 대해서는 여러 사람에 의해 토론되고 생각되어져 왔다. 의료인, 복지시설의 직원, 장애인 자신, 가족에게 있어서 장애인의 성 욕구는 날마다 인식되고 있는 과제라고 생각된다. 그래서 지금 필요한 것은 실천적 프로그램이고 성 상담이라고 생각한다. 누군가가 실행에 옮겨야 하는 일이지, 다른 사람이 하는 것을 기다리고 있을 과제가 아닌 것 같다. 실행에 옮길 의욕 있는 사람을 위해 방법 편을 썼다. 그러나 이 방법 편에 쓰여진 것이 그대로 어떤 장소, 상태 그리고 문제에도 모두 해당된다고는 생각하지 않는다.

성 상담을 위한 실천 테두리를 서술한 것이다. 따라서 여기에 서술된 방법을 자신들의 상황에 가장 적절하게 맞춰가지 않으면 안 된다. 성에 관한 과제는 다분히 그 문화·사회·개성 등의 가치관을 포함하고 있다. 이것은 실제로 어떻게 한다는 경우에 절대로 올바른 해답이라고 하는 것이 아니다. 열 명의 직원이 모이면 의견의 일치를 보기보다 열 명의 서로 다른 생각과 해답이 나올 수 있다고 생각한다. 그러나 의견이 달라도 토론을 하는 것이 전혀 과제를 무시하거나 토론을 하지 않는 것보다 낫다고 생각한다.

우선, 문제 해결의 첫걸음은 그 문제, 과제를 표면으로 나타내어 관계자 전체가 생각해 가는 일이라고 본다. 그 사고의 틀로서 또 안내자로서 이 방법 편을 썼다.

1, 2, 3, 4   Gagnon, John. *Human Sexualities*, Glenview, Ⅲ.: Scott, Foresman and Co., 1977, p.32.

5   *Ibid.*, p.2.

6   *Ibid.*, pp.5-9

7   Gochros, Harve and Gochros, Jean eds. *The Sexually Oppressed*, New York : Associated Press, 1977.

8   Haeberle, Erwin. "Historical Roots of Sexual Oppression", in Gochros, H. and Gochros, J. eds. *The Sexually Oppressed*, New York : Associated Press, 1977.

9   Morgenstern, M. "Community Attitudes Toward Sexuality of the Mentally Retarded", in de La Cruz F. and La Veck, G. eds. *Human Sexuality and the Mentally Retarded*, New York : Brunner /Mazel, 1973.

10   Billye, K. and Neeley, J. "Sexuality and the Aging : A R eview of Current Literature", *Sexuality and Disability*, 5:1, pp. 38-46

11   Weinberg, N. "Social Equity and the Physically Disabled", *Social Work*, 28 : 5, pp. 365-369

12   Kaplan, Helen, S. *Disorders of Sexual Desire and Other New Concepts and Techiques in Sex Therapy*, New York : Brunner/ Mazel, 1979. Kaplan, Helen S. The New Sex Therapy, New York : Brunner/Mazel, 1974.

13 Gagnon, John. *Human Sexualities*, Glenviews, Ⅲ. ： Scott, Foresman and Co., 1977, p. 119.

14 Masters, William and Johnson, Virginia. *Human Sexual Response*, New York, ： Little, Brown, 1966.

15 Kaplan, Helen. *The New Sex Therapy*, New York ： Brunner/ Mazel, 1974.

16 Harrison, D. "Sexuality and the Physically Handicapped ： Some Guidelines for Social Workers", in Kunkel, D. ed. *Sexual Issues in Social Work : Emerging Concerns in Education and Practice*, Univ. of Hawaii, School of Social Work, 1979.
Commentary, "Sexuality and Physical Disabilities", Arch, Phys. Med. Rehabil. Vol.58,(December, 1977).

17 Rousso, M. "Special Considerations in Counseling Clients with Cerebral Palsy", *Sexuality and Disability*, 5 ： 2, pp. 78-87.

18 Symonds, M. and Wickware, L. "Sex Education of Children with Disabilities", in Comfort, A. ed. *Consequences of Disability*, Phila. ： George Stickley Co., 1978.

19 Teal, J. and Athelson, G. "Sexuality and Spinal Cord Injury ： Some Psychosocial Considerations", *Arch, phys, Med. Rehabil*, Vol. 56(June, 1975).

20 Anderson, T. and Cole, T. "Sexual Counseling of the Physically Disabled", *Postgraduate Medicine*, 58 ： 1, pp. 117-123.

21   Weiss. H. "The Physiology of Human Penile Erection", in Comfort, A. ed. *Sexual Consequences of Disability*, Phila : George Stickly Co., 1978.

Bors, E. and CAOMARR, a. "Neurological Disturbances of Sexual Function with Special Reference to 529 Patients with Spinal Cord Injury", *Urological Survey*, Vol. 10, pp. 191-222.

Crenshaw, Roger. et al. "Organic Impotence", In Comfort, A. ed. *Sexual Consequences of Disability*, Phila. : George Stickly Co., 1978. Comarr, A. E. "Sexual Concepts in Traumatic Cord and Cauda Equina Lesions", *Journal of Urlol.*, Vol. 106, pp. 375-378.

Comarr, A, E, "Sex Among Patients with Spinal Cord and/or Cauda Equina Injury", Medical Aspects of Human Sexuality, 7 : 3, pp. 222-238.

Coman;A, E, "Sexual Function Among Patients with Spinal Cord Injury", *Urologia Internationalis*, Vol. 25, pp. 134-168.

22   Kaplan, Helen. *The New Sex Therapy*, New York : Brunner/ Mazel, 1974.

23   Andres, P. "Sexual and Genital Prognosis in Adult Paraplegia", *Paraplegical*, Vol. 10, pp. 218-226.

Bensman, A. and Kottke, F. "Induced Emission of Sperm Utilizing Electrical Stimulation of the Seminal Vesicles and Vas Deferens", *Arch, Phys, Med, Rehabil.*, Vol. 47. pp. 433-436.

Bors, E., Engle, J., Hollinger, V. and Rosenquest, R. "Fertility in Paraplegic Males", *Journal of Clinical Endocriminology*, Vol. 10.

pp. 381-398. Cole, Thedore, Sexuality : A Health *Practitioner's Text*, Baltimore : The Williams and Wilkins Co., 1975.

24 Griffith, E. and Trieschmann, J. "Sexual Functioning in Women with Spinal Cord Injury", *Ach. Phys. Med. Rehabil.*, Vol. 56.(Jan. 1975), pp. 18-21.

Jwerner, J. "Yes We Have Troubles but Nobody;s Listening : Sexual Issues of Women with Spinal Cord Injury", Sexuality and Disability, 5 :3, pp. 158-170.

Jwerner, J. "Yes We Have Troubles but Nobody's Listerning : Sexual Issues of Women with Spinal Cord Injury", *Sexuality and Disability*, 5 : 3, pp. 158-170.

Comar r, A. "Observations on Menstruation and Pregnacy among Female Sapinal Cord Injury Patients", *Paraplegia*, Vol. 3, pp. 263-271.

25 Jayne, C. "A Two-Dimensional Model of Female Sexuality Response", *Journal of Sex and Marital Therapy*, Vol. 7 : 1, 7 : 1, pp. 3-30.

26 Dayoe, F. "Marriage and Family Patterns with Long-Term Spinal Cord Injury", *Paraplegia*, Vol. 10, pp. 219-224.

27, 28 Hartman, C., MachIntosh, B. and Englehardt, B. "The Neglected and Forgotten Sexual Parther of the Physically Disabled" *Social Work*, 28 : 5, p. 371.

29   Perske, R. "About Sexual Development : An Attermpt to be Human with the Mentally Retarded", *Mental Retaration*, Vol. 11.

30   Kugel, R. and Wolfensberger, W. *Changing Patterns in Residential Services for the Mentally Retarded*, Washington D.C.:President's Committee on Mental Retardaion, 1969.

31   Nitje, B. "The Normalization Principle and Its Human Management Implications, in, R. Kugel and Wolfensberger", W. *Changing Patterns in Residential Services for the Mentally Retarded*, Washington, D.C. : President's Committee on Mental Retardation, 1969.

Hirayama, H. "Management of the Sexuality of the Mentally Retarded in Institutions : Problems and Issues", in Kunkel, D. ed. *Sexual Issues in Social Work*, Univ. of Hawaii, 1979.

32   Kempton, W. "The Mentally Retarded Person", in Gochros, H. and Gochros, J. *The Sexually Oppressed*, New York : Association Press, 1977.

1   Amnon, Jack. *The Behavioral Treatment of Sexual Problems*, Honolulu : Enabling Systems, Inc., 1974, Vol., pp. 56-162.

2   Ibid., pp. 100-101.

3   Kaplan, Helen, *The New Sex Therapy*, New York : Brunner/ Mazel, 1974.

4   *Ibid*. pp. 208-211.

5   *Ibid*. pp. 381-382.

6   *Ibid*. pp. 290.

7   Halstead, L. et al. "Hospital-Based Program in Human in Human Sexuality", *Arch, Phys, Med. Rehabil.*, Vol. 58(Sept. 1977), pp. 409-412.

8   Macaluso, E. and Berkamn, A. "Sex Counseling with Groups in a General Hospital", *Social Casework*, 65 : 1, p. 22.

9   Schuler, M. "Sexual Counseling for the Spinal Cord Injured : A Review of Five Programs", *Journal of Sex and Marital Therapy*, Vol. 8 : 3, pp. 241-252.
     Miller, S., Szasz, G. and Anderson, L. "Sexual Health Care Clinician in an Spinal Cord Injury Unit", *Arch, Phys. Med, Rehabil*, Vol, 62 (July 1981), pp. 315-320.

10   Melnyk, R., Montgomery, R. and Over, R. "Attitude Changes Following a Sexual Counseling Program for Spinal Cord Injured Persons", *Arch. Phys. Med. Rehabil.*, 60(Dec. 1979), pp. 610-604.

11   Hirayama, H. et al. *Group Approach to Parental Sex Education*, *Knoxville* : Univ. of Tennessee, 1980.